不動産登記はこう変わった！
これが大改正の内容だ！

Q&A速報版

山田　猛司　著
山岡　透　　著
尾原　祥之　著
石原　久雄　著

セルバ出版

はじめに

全文改正された不動産登記法（法律第123号）が平成16年６月18日に公布されました。平成17年３月頃には施行される予定ですが、改正内容は多岐にわたり、まさに大改正となっています。

今回の改正は、不動産登記制度にコンピュータを使用して登記申請をする、いわゆるオンライン申請の導入を前提にして、見直しが行われた点が大きな特徴です。

オンライン申請を導入するために、紙（書面）による申請を前提としてきた旧不動産登記制度がコンピュータ処理に適した制度に改められた結果、長くなじんできた権利登記の申請は登記所に出向かなくても郵送でできるようになったり、権利証（登記済証）が登記識別情報になったり、保証書制度が廃止されたりするなど、登記申請手続は大きく変わりました。

しかも、オンライン申請のできる登記所は、コンピュータ処理をしている登記所の中から法務大臣が指定することになっており、書面申請とオンライン申請とが併存することから、受付の順序の問題が出たり、改正前の取扱いが一部存続する登記所もあるなど、利用者としては混乱しかねない点が多々あります。

とりあえずは、不動産登記制度のどこがどう変わったのか、新しい不動産登記制度はどんな内容なのかなどを把握することが大改正に対処する第一歩です。

本書は、新しい不動産登記法の改正点を法律と公開資料により緊急に解説したもので、一般利用者の方向けにわかりやすく平易に記述しています。また、施行までに出される政省令等に委ねられている取扱いについてはその旨を、取扱上課題のある点についてはその旨を表示しています。

改正不動産登記制度の理解に、本書を役立てていただければ幸いです。

平成16年６月

山田　猛司
山岡　透
尾原　祥之
石原　久雄

不動産登記はこう変わった！ Q＆Aもくじ

不動産登記制度の改正点一覧

平成16年６月18日に公布された不動産登記法の主な改正点をまとめると、次表のとおりです。施行は、いずれも平成17年３月頃の予定です。

今回の改正は、オンライン指定庁の適用を原則としていますが、ブック庁・コンピュータ庁では、適用が物理的に不可能な規定もあります。そこで、指定庁においても、すべてオンライン申請によることにした場合の弊害を考え、紙（書面）申請を残した点で、登記所ごとで申請形態が違う扱いとなります。

なお、表中にある次の言葉は、それぞれ次の略称を用いています。

＊ブック庁＝「登記簿」という紙の登記簿により登記をしている登記所→表中Ｂ庁と略称。

＊コンピュータ庁＝コンピュータにより登記をしているが、オンライン指定がされていない登記所→表中Ｃ庁と略称。

＊指定庁＝コンピュータにより登記をしており、しかもオンライン指定がされている登記所→表中Ａ庁と略称。

注　表中の○印は適用されるもの、×印は適用されないものを意味します。
　　また、旧法とは改正前の不動産登記法、新法とは改正後の不動産登記法のことです。

改正項目	区分	B庁	C庁	A庁	改正点の要旨
1　登記簿の様式	一部改正	×	○	○	登記簿の様式が、改正前の紙である「登記簿」（旧法第14条以下）からコンピュータ庁を前提として「登記記録」（新法第11条以下）に改められました。 したがって、ブック庁では、改正前と同じように紙による「登記簿」が残ります（新法附則第３条第５項）が、コンピュータ庁に移行すると同時に「登記記録」に変わります（新法附則第３条第１項）。 なお、登記簿は、これまでなじんできた「甲区」「乙区」の区分（旧法第16条）がなくなって、「権利部」（新法第12条）に統合され、登記簿が「表題部」（新法第２条第７号）と「権利部」（新法第２条第８号）の２つになりました。 それに伴い、改正前の「別区にした登記の前後は受付番号による」という規定がなくなりました（旧法第６条第２項）。
2　申請主義	従来どおり	○	○	○	法令に別段の定めがある場合を除き、原則として申請又は嘱託がなければ、登記できないことになりました（旧法第25条）。

						別段の定めとしては、職権による登記や表示に関する登記等があります（新法第16条）。
3	共同申請主義	従来どおり	○	○	○	登記申請は、登記権利者と登記義務者が共同して申請するというのが原則です（旧法第26条）。オンライン申請においても、共同申請主義はとられています（新法第60条）。 オンライン申請の場合、どのような申請形態になるかというと、同一のソフトを用いて共同して申請することになりますので、登記権利者と登記義務者の申請にタイムラグがあるということはありません。
4	出頭主義	廃止	○	○	○	改正前は、出頭主義がとられていたため、必ず法務局へ出頭しなければなりませんでした（旧法第26条第１項）が、改正後は法務局への出頭が義務づけられず、郵送による申請も認められることになりました。 なお、改正前も、嘱託に関する登記や表示に関する登記は、郵送による申請が認められていました（旧法第26条第２項）。
5	オンライン申請	新設	×	×	○	今回の改正により、登記申請は原則としてオンライン申請となりました（新法第18条第１項）が、オンライン指定庁として指定されるまでの間は、改正前と同じように紙（書面）による申請が認められます（改正法附則第６条第３項）。 なお、オンライン指定庁においても、すべてオンライン申請によらなければならないわけではなく、紙申請も認めていますので（新法第18条第２号かっこ書）、インターネットによる申請と紙申請という２つの方式が併存することになります。 もっとも、紙申請といっても、オンライン指定庁ではデータをフロッピー等で提出することが認められています（新法第18条第２号かっこ書）。
6	紙(書面)申請	一部改正	○	○	○	
7	申請情報の内容	新設	○	○	○	改正前は、不動産の所在、申請人の氏名、住所、代理人の氏名、住所、登記原因とその日付、登記の目的登記所の表示、年月日が申請書の記載事項とされていました（旧法第36条）。 今回の改正により、不動産を識別するために必要な事項、申請人の氏名又は名称、登記の目的その他登記の申請に必要な事項として政令で定める情報を提供しなければならないとされており（新法第18条）、詳細は政令にゆだねられることになりました。
8	原因証書	廃止	○	○	○	改正前は、登記原因証書（旧法第35条第１項第２号）を原則として添付し、登記原因証書が存在しない場合には申請書副本による申請を認めていました（旧法第40条）。

					今回の改正により、申請書副本制度が廃止され、必ず登記原因証明情報を提供しなければならないことになりました（新法第61条）。 なお、従来の登記原因証書の内容は、改正法の登記原因証明情報の適格を有するといわれています。
9　申請書副本制度	廃止	○	○	○	申請書副本制度（旧法第40条）は、今回の改正により廃止されました。しかし、ブック庁やコンピュータ庁のうちオンライン未指定庁については、登記済証（権利証）を作成する必要がありますので（新法附則第６条第３項）、その素材として申請書副本類似のものは今後も存在することになると思われます。
10　登記原因証明情報	新設	○	○	○	改正前は、権利に関する登記申請書には登記原因証書（旧法第35条第１項第２号）を添付し、登記原因証書を提出できないときには申請書副本を提出することになっていました（旧法第40条）。 今回の改正では、その制度が改められ、権利に関する登記は、法令に別段の定めがある場合を除き、登記原因証明情報を提供しなければならないことにされました（新法第61条）。
11　登記識別情報	新設	×	×	○	オンライン指定庁では、改正前の登記済証（権利証）に代わるものとして「登記識別情報」という制度が設けられました（新法第21条から23条）。 オンライン申請では、改正前の紙（書面）申請を前提としていませんので、登記済証のような紙を添付することはできません。 そこで、代わりに数字とアルファベット12桁による登記識別情報というものを、登記完了後、新たな登記名義人に通知することになりました（新法第21条）。 登記識別情報は、出頭又は郵送による申請については紙により交付し、オンライン申請についてはインターネット上でダウンロードすることが予定されています。 なお、指定庁以外では、改正前と同じように登記済証の制度がそのまま存置されます（新法附則第６条第３項）。
12　登記識別情報の不発行制度	新設	×	×	○	改正前は、登記済証を不要とする人の申し出は認められませんでした。 今回の改正により、はじめから登記識別情報をいらないという人のために登記識別情報を発行しないという制度が新しくに設けられました（新法第21条ただし書）。
13　登記識別情報の失効制	新設	×	×	○	今回の改正では、登記識別情報が発行された後、登記識別情報を失効させる制度が認められました（政令

度					等で定められる予定)。 ただし1度失効すると、再発行は認められません。
14 登記識別情報の確認制度	新設	×	×	○	今回の改正で新設されました。これは、登記識別情報を所持する者が当該識別情報が有効かどうか事前に確認する制度です。 改正前は、自分の所持する登記済証が正しいものかどうかを確認する制度というのはありませんでしたが、今回の改正で、登記識別情報の有効性を確認する制度が設けられたものです。 なお、確認の際は有料となり、また暗号化システムがとられることになります(政令等で定められる予定)。
15 登記済証(権利証)	廃止	×	×	○	登記済証(権利証)の制度は、今回の改正により、廃止されました。 しかし、オンライン指定庁に指定されるまでの間は、登記済証制度を存置するものとされています(新法附則第6条第3項)ので、ブック庁及び未指定庁では改正前と同じように紙(書面)申請により、登記済証を提出して申請します。 登記完了後は、新しい登記済証も発行されます(新法附則第6条第3項)。
16 登記済証不発行制度	新設	○	○	×	登記識別情報不発行制度ができた(新法第21条ただし書)ことに伴い、登記済証制度が残るブック庁及びコンピュータ庁においても、登記済証不発行の制度が新設されました(新法附則第6条第3項)。 なお、指定庁については、登記識別情報不発行制度になります。
17 保証書制度	廃止	○	○	○	改正前は、登記済証(権利証)を登記申請に添付できない場合には、登記所で登記した成年者2人以上の作成した保証書をもって代用していました(旧法第44条)。その際、所有権に関する登記については事前通知(旧法第44条の2)、所有権以外の登記については事後通知をし、事前通知の場合には当初の受付を仮受付とし、保証書はがきの到達をもって本受付という制度でした。 今回の改正により、保証書制度が廃止され、事前通知制度がとられることになりました(新法第23条)。
18 事前通知制度	新設	○	○	○	登記済証又は登記識別情報の提供ができない場合、改正前は保証書による本人確認をしていました(旧法第44条の2)が、保証書制度は廃止され、新しく登記官の事前通知制度が設けられました(新法第23条)。 保証書制度の場合、所有権に関する登記は仮受付という制度でしたが、今回の事前通知制度では、当初の受付の段階で本受付されるという点において改正前の

					保証書制度とは違っています（新法第23条第１項）。 もっとも、司法書士等の「資格者代理人」（新法第23条第４項第１号）又は「公証人」（新法第23条第４項第２号）による本人確認情報の代用措置が設けられ、当該代替措置を登記官が妥当と判断した場合には事前通知をしなくてもよいことになりました（新法第23条第４項本文）。
19　前住所への通知	新設	○	○	○	所有権に関する登記で登記識別情報（登記済証）を提供できない場合で（新法第23条第１項）、登記義務者の住所について変更の登記がされているときは、登記申請時点の登記義務者の住所への事前通知のほか、一定期間内の前住所への通知もすることになりました（新法第23条第２項）。
20　登記官による本人確認制度	新設	○	○	○	登記の申請が申請人となるべき者以外の者が申請していると疑うに足りる相当な理由があると登記官が認めるときは、出頭を求め、質問をし、又は文書の提示その他必要な情報の提供を求める方法により当該申請人の申請権限の有無を登記官が調査することになりました（新法第24条第１項）。
21　他管登記官への嘱託	新設	○	○	○	事前本人確認の場合に登記申請人が遠隔地にいる等相当と認められるときは、他の登記所の登記官に本人確認の調査を嘱託することができることになりました（新法第24条第２項）。 この制度を活用することにより、遠隔地の登記所に登記申請をした当事者が時間と費用をかけなくてもすむようになることが期待されます。
22　登記完了通知制度	新設	×	×	○	ブック庁及びコンピュータ庁では、改正前と同じように「登記済証」が発行され（新法附則第６条第３項）、登記済証は文字通り登記を完了したことを証明する書面でもあります。 しかし、オンライン指定庁では、「登記識別情報」は発行されるとしても（新法第21条）、それとは別に新たに登記完了通知をすることとなりました（政令等で定められる予定）。 書面申請に対しては書面で、オンライン申請に対してはダウンロードする方法でなされます。 なお、「登記識別情報」不発行の場合にも、登記完了証は通知されます。
23　予告登記制度	廃止	○	○	○	予告登記については執行妨害に使われているとの批判があり、また予告登記がされたとしてもその登記には対抗力が認められませんでしたので、今回の改正で、予告登記（旧法第３条）は廃止されました。

24 印鑑証明書の添付	廃止	×	×	○	登記申請を紙（書面）申請により行う場合は、改正前と同じように印鑑証明書の添付が認められます（細則第42条）が、オンライン申請の場合（新法第18条第1号）は、電子署名と電子証明書によることになりましたので（政令等に定められる予定）、印鑑証明書の添付は認められません。
25 住所証明書の添付	廃止	×	×	○	オンライン申請は、法務省のコンピュータが「住基ネット」にアクセスし住所を確認することとなりますので、住民票の添付は不要となります（新法第59条第4号）。 指定庁での紙（書面）申請の場合も、同様となりますので、注意が必要です。ただし、オンライン指定庁では、「住基ネット」未加入者について今後問題になると思われます。 未指定庁においては、改正前と同じように住所証明書の添付が必要となると思われます。
26 共同担保目録の添付	一部改正	○	○	○	共同担保目録制度については、そのまま残りますが、今回の改正により、登記官が職権で作成することができるようになりましたので、申請人のほうで作成する必要はなくなりました（新法第83条第2項）。
27 不動産特定番号	新設	○	○	○	改正前は、登記申請書に不動産の表示をすべて記載していましたが、不動産特定番号（新法第27条第4号・第44条）が記載されている不動産に関しては、登記申請情報について不動産特定番号を記載すれば、不動産の表示をすべて記載しなくてもよいことになりました（新法第18条）。
28 登録免許税の電子納付	新設	×	×	○	指定庁については歳入金電子納付システムによることができることになりましたので、オンライン申請に際しては、電子納付システムによることになります。 なお、未指定庁については、歳入金電子納付システムとの連動がありませんので、改正前と同じように現金納付又は印紙納付によることが必要です（登録免許税法第21条・22条）。
29 申請書受付の順位	一部改正	○	○	○	同一の不動産に関し2つ以上の申請がされた場合で、その前後が明らかでないときは、これらの申請は同時にされたものとみなすという規定が新設されました（新法第19条第2項）。 これにより、郵送で申請がされたもので前後が不明なものについては同一の受付番号が付され（新法第19条第3項）、両立し得ない登記については同時に却下されることになります（新法第25条）。 なお、指定庁では、オンライン申請・出頭申請・郵送申請についても同一の受付システムがとられること

					になりました。ただし、オンライン申請については、24時間申請（データ送信）が可能となりますので、閉庁後のオンライン申請は、その後の開庁時に申請順に受付がされます。これにより、オンライン申請は、閉庁時の郵送申請や開庁後の出頭申請よりも先に受け付けられます。 　また、同一の受付システムは、窓口申請（郵送申請を含みます）では付番機を備え番号が出されると同時に受け付けたことになり、その点では同時に受付がされることはありえないことになります。 　したがって、前後が不明な登記申請とは、郵送による申請の場合以外にシステム上考えられないことになります（政令に規定される予定）。
30　第三者の許可等に代わる代用措置	廃止	○	○	○	登記の申請に関し、第三者の許可又は同意を要する場合は、本来であれば登記申請書に許可書又は同意書を添付して行いますが、改正前は、その許可書又は同意書の添付をすることに代えて申請書に第三者が捺印することにより、許可書又は同意書の添付を省略することが認められていました（旧法第45条）。 　しかし、この制度はあまり活用されていませんでしたので、今回の改正により廃止されました。
31　登記官の過誤による職権更正	一部改正	○	○	○	改正前は、登記官の錯誤又は遺漏が登記官の過誤によった場合、登記上利害関係を有する第三者がいるときは、職権更正をすることができませんでした（旧法第64条）。 　今回の改正により、当該第三者の承諾がある場合は職権更正ができることになりました（新法第67条第２項）。
32　罰則	一部改正	○	○	○	改正前は、虚偽保証書作成罪、検査の拒否・妨害・忌避等の罪、申請を怠った場合の過料等の罪がありました（旧法第158条以下）が、改正後は保証書制度が廃止されましたので、改正前の虚偽保証書作成罪に代わり登記識別情報の作成又は管理に関する秘密を漏らした罪（新法第131条）、虚偽の本人確認情報を提供した罪（新法第132条）及び不正に登記識別情報を取得した罪（新法第133条）が新設されました。 　その他、改正前と同様、検査の妨害等の罪（新法第134条）、過料の罪（新法第136条）がありますが、法人の代表者若しくは代理人、使用人その他の従業員が犯した罪については、行為者を罰するほか、その法人又は本人に対しても罰金刑を科するという両罰規定が設けられました（新法第135条）。

● 改 正 点 解 説 編 ●

Q1 登記申請の方法はどう変わったの

A　オンライン申請を前提にした制度改正を中心に、様々な改正が行われています。

今回の不動産登記法の大改正は、不動産登記法の条文を全面的に現代語に改め、新しくコンピュータを使用する方法による申請（改正法18条1号)、登記識別情報の通知（改正法21条）や提供（改正法22条)、電磁的記録で作成された添付情報の申請書への添付（改正法25条9号、26条）等、オンライン申請を前提とする様々な改正が行われています。

そのほかにも、保証書制度や出頭主義の廃止、登記原因証明情報の提供（改正法61条）等オンライン申請に関係なく改正された事項もあります。

★登記所が3タイプに

登記所は、改正前までブック庁とコンピュータ庁だけでしたが、今回の改正で、コンピュータ庁の中から新たにインターネットを通じて申請が可能となるオンライン登記所が指定されることになりました。

したがって、登記所は図表1のように3タイプになったわけです。

【図表1　登記所のタイプ】

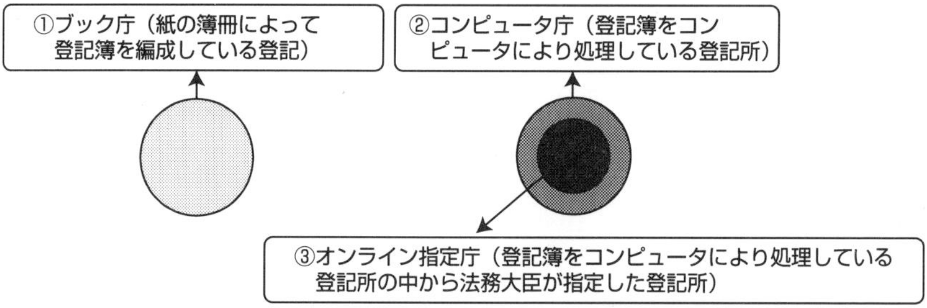

登記所が3タイプになったことを理解していただいた上で、これから説明するための登記所の呼び名については、本書全般を通じて図表2のように略称しました。

言葉としては正確ではありませんが、説明や理解の便宜上略称することをご了承ください。

【図表2　登記所の改正前後の比較】

改正前
①ブック庁
②コンピュータ庁

▶

改正後	本書での略称
①ブック庁	「ブック庁」
②コンピュータ庁	「コンピュータ庁」
③オンライン指定庁	「オンライン指定庁」

＊「オンライン指定庁」については、文中「指定庁」と略称することもあります。

★登記の申請方法は2つに

改正の結果、登記申請方法は、書面申請（紙による申請）とオンライン申請の2つになりました。しかし書面申請は、ブック庁でもオンライン指定庁でもできますが、オンライン申請は、指定庁でなければできません。

これをまとめると、図表3のとおり、①ブック庁・コンピュータ庁の書面申請と、②オンライン指定庁の書面申請とオンライン申請（インターネット上ですべての登記手続をする）の方法によることになります。

なお、オンライン指定庁の指定については、法務大臣が指定した登記所から順次実施されますが、法務大臣の指定を受けていない登記所では、指定されるまでの間、現在の登記済証（権利証）の制度が適用されるなど、時間や地域の違いにより適用される制度に違いがあります。

★2つの申請方法の違いは

2つの申請方法の違いをみると、図表3のとおりです。

【図表3　2つの申請方法の違い】

改正項目		ブック庁・コンピュータ庁	オンライン指定庁	
		書面申請	書面申請	オンライン申請
共同申請		○	○	○
保証書制度		×	×	×
出頭主義		×	×	×
添付書類	紙	○	○	×
	電子	×	○	○
登記済証		○ 登記済証は残り、新しい登記済証も発行される	× 最初の申請には登記済証の添付が必要となり、その後は登記識別情報による	× 登記識別情報による
登記識別情報		×　発行されない	○　発行される	○　発行される
登記原因証明情報		○　副本申請廃止	○　副本申請廃止	○　副本申請廃止
登録免許税		現金又は印紙	現金又は印紙	歳入金電子納付システム

＊ ブック庁においても申請書副本が廃止されますが、新たな登記済証を発行しなければなりませんので、現在の申請書副本類似のものが新登記済証の素材となるものと思われます。

【図表4　登記申請（権利の登記）方法の比較】

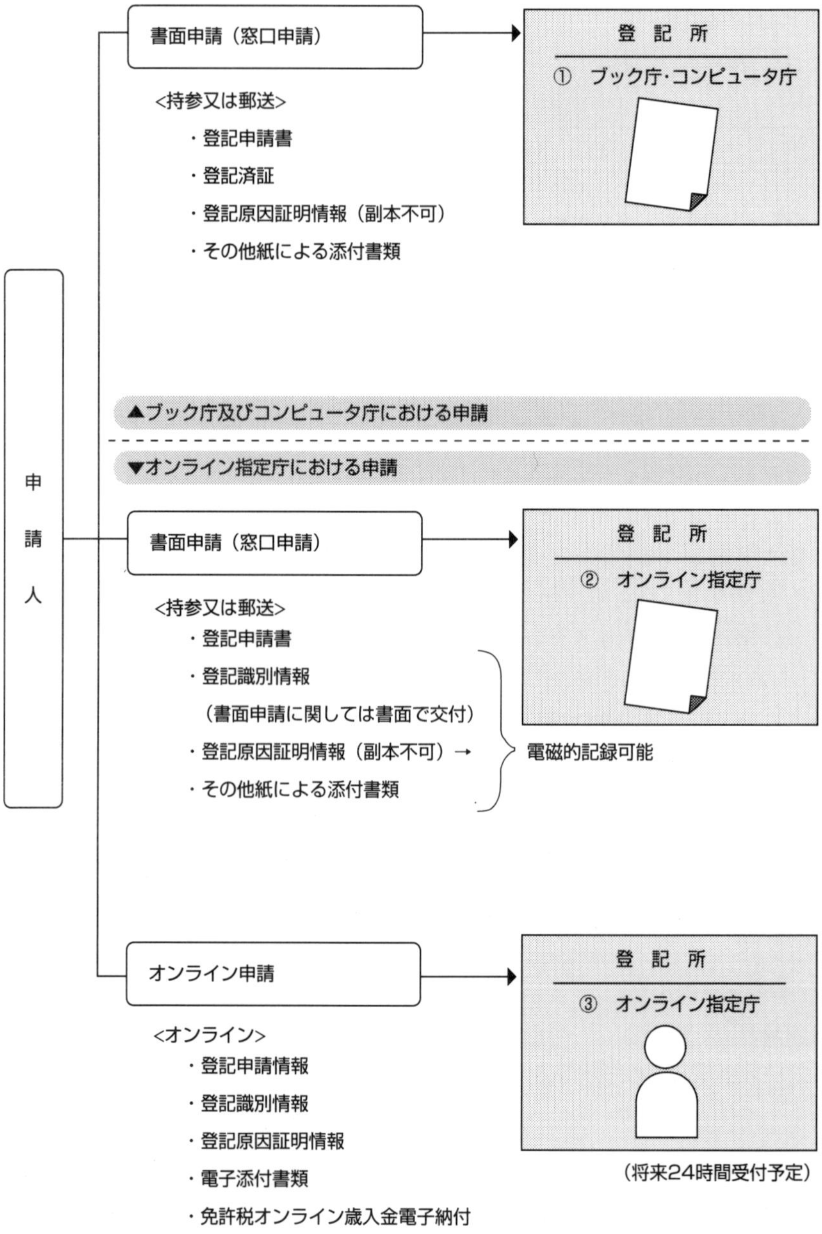

Q2 改正後の登記申請手続はどうなるの

A　今回の改正で、３つのタイプの登記所があり、いろいろなシステムの違いがあることはおわかりいただけたと思いますが、さて実際に登記申請をしようとするとき、登記申請手続はどれを選べばよいかという問題にあたります。

そこで、図表５に新しい登記申請の手続をフローチャートにしてみました。

【図表５　新しい登記申請手続】

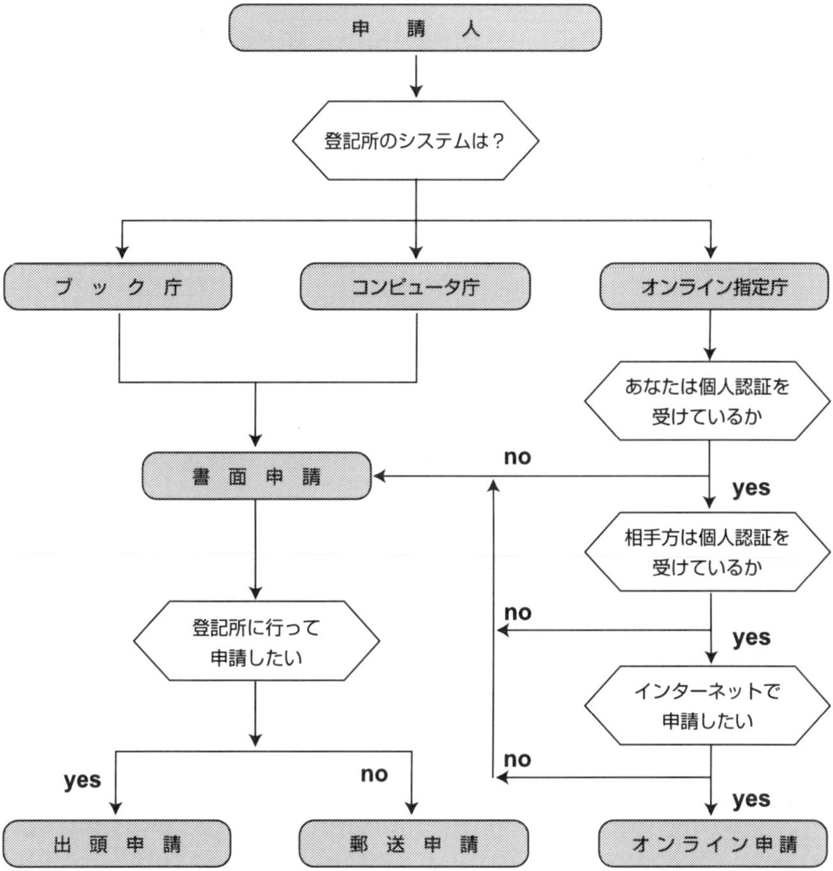

Q3 オンライン申請ってどうやるの

A オンライン申請は、図表6のようなしくみで、すべてインターネット上でやりとりをして行います。

【図表6　オンライン申請のしくみ】

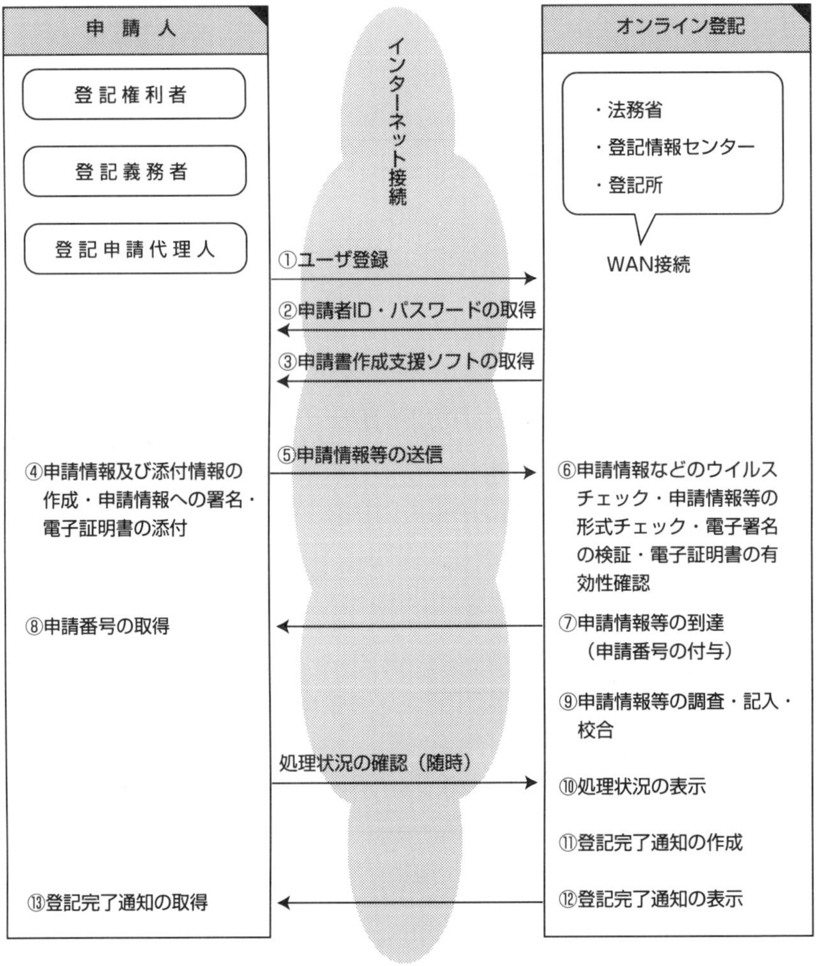

★オンライン申請にあたっての注意点は

オンライン申請にあたっての注意点は、次のとおりです。

(1) 申請人は、電子署名や電子証明書を提供しなければならない関係から、申請をする前に、あらかじめ個人であれば公的個人認証か民間認証を受けなければなりません。

(2) さらに、申請人か代理人は、法務省オンライン申請システムに利用者登録をし、利用者ＩＤ・パスワードを取得しなければなりません。

(3) 申請をオンラインでした場合は、補正や取下げもオンラインでしなければなりません（窓口や郵送による補正は認められません）。

後日、電子化できないものが添付情報として必要な場合などは、補正ができないことになりますので、事前に添付情報等は十分確認する必要があります。

例えば、当面相続登記における戸籍謄本等は、電子証明書では発行されません。したがって、紙（書面）によらざるをえませんので、オンライン申請はできません。

(4) 法務局からの登記識別情報の提供はオンラインでされますので、紙の登記識別情報は発行されません。（メールによる完了通知については検討中のようです）

(5) 現在の登記済証については失効するわけではなく、そのまま使えるということになっていますが、オンライン申請については、紙自体の添付ができませんので、現在の登記済証を添付することはできません。

そうなると、オンライン指定庁に指定された後、現在の登記済証を添付して申請しようとする場合には、登記義務者の登記済証は使えないことになってしまいますので、登記識別情報の提供がない場合ということで、本人確認情報を提供しなければならないことになるかもしれません。

それは、今後の検討課題と思われます。

(6) 現在、所有権の移転登記など不動産の評価額を課税標準とするものについては、登記申請書に固定資産課税評価証明書を添付していますが、オンライン指定庁についてはオンラインで市役所等への照会が可能となり、評価証明書については添付不要となる予定です。

(7) 登記が完了した場合の通知については、「登記完了証」というものが予定されていますが、この登記完了通知については、当初から登記識別情報の発行を希望しない名義人にも通知される予定です。

(8)　電子証明書については、登記権利者・登記義務者及び代理人すべての人が取得していなければなりませんが、登記について第三者の許可・同意等が必要な場合の第三者についても、電子証明書が必要になると思われます。

★登録免許税納付のしくみは

登記を申請すると、「法務省オンライン登記申請システム」が「歳入金電子納付システム」へ「登録免許税納付番号請求及び取得」をし、申請人はその登録免許税納付番号により納付します。

納付が完了すると、図表7のとおり納付の情報が自動的に送信されるしくみになっています。

【図表7　登録免許税納付のしくみ】

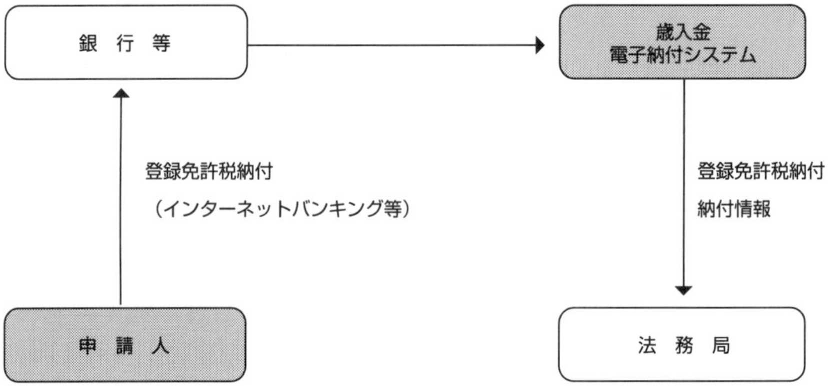

★オンライン申請における課題

(1)　連件一括申請の申請方法については申請ソフトにおいて何らかの対応がされるとして、書面申請とオンライン申請による連件はどうなるか。

(2)　データ送信時にウイルスが添付されてしまった場合は申請そのものがウイルスチェッカーにより受け付けられない状況が考えられる。

(3)　法務局への大量データの一時的集中によるコンピュータの負荷。

(4)　紙でしか添付できない書類への対応（戸籍謄本・登記済証等）。

(5)　ハッカーによるデータ流出・改ざん。

(6)　多数の登記識別情報の情報錯綜。

Q4 書面申請ってどうやるの

A 書面申請は、ブック庁・コンピュータ庁とオンライン指定庁のそれぞれで違います。

★ブック庁・コンピュータ庁の書面申請

ブック庁・コンピュータ庁の書類申請は、図表8のとおり改正前と同じように直接法務局に申請をします。

【図表8　ブック庁・コンピュータ庁の書面申請】

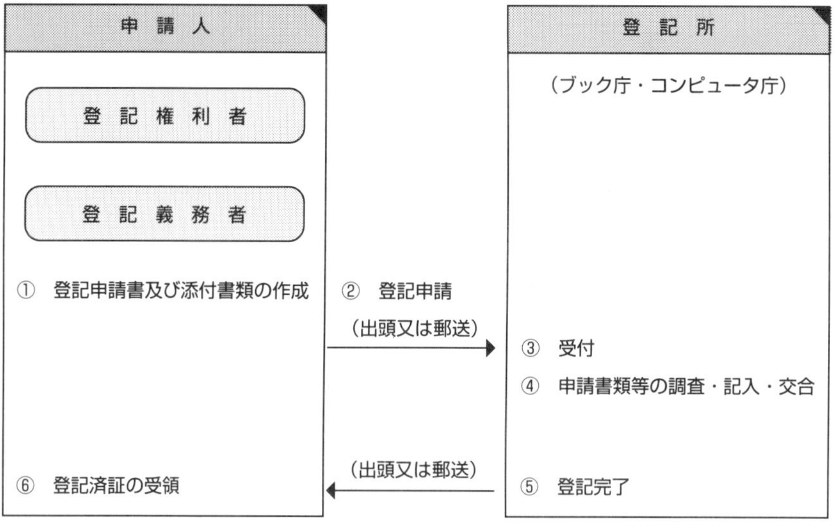

ブック庁・コンピュータ庁の書面申請は、改正前と同じような申請手続でおおむねよいのですが、改正前とは下記の点が異なります。

(1) 申請の出頭主義が廃止されましたので、郵送による申請が認められることになりました。

(2) 添付書類の登記原因証書が「登記原因証明情報」となり、登記原因証書がない場合の代替措置である「申請書副本」制度が廃止されました。

したがって、改正前まで申請書副本で登記をしていた登記名義人表示変更登記や相続登記なども、登記原因証明情報を添付することになります。

(3)　ブック庁・コンピュータ庁の登記済証については、現在も将来も変更がありませんので、登記義務者の権利に関する登記済証を添付する必要があります。

また、新しい登記名義人については、登記済証が発行されますので、その登記名義人が登記義務者となるときには、登記済証を添付する必要があります。

したがって、登記済証が添付できない場合の保証書制度が廃止されましたので、登記済証が添付できないときは、登記所が事前通知をすることになります。もっとも、司法書士等の資格者が本人確認をし、登記官が相当と判断する本人確認情報が提供されたときは、事前通知はされません。

(4)　その他の部分については、ほぼ従前と同様の手続となりますが、不動産特定番号については、コンピュータ庁に限らず、登記事項として順次実施される予定です。

不動産特定番号が登記されている不動産については、申請書の記載事項として改正前に不動産の表示のすべてを記載していたものが不動産特定番号のみを記載することによってすむようになりました。

(5)　共同担保目録については、改正前までは申請人が作成して提出していたのですが、今回の改正により登記官が作成することとされました。

したがって、改正後は、共同担保目録を提出する必要がなくなりました。

★オンライン指定庁の書面申請は

オンライン指定庁の書面申請は、図表９のようになります。

オンライン指定庁の書面申請では、権利証（登記済証）の制度が廃止され、改正後はすべて「登記識別情報」という制度になりました。しかし、現在ある権利証がすべて無効になるということではなく、権利が残っている限り使えることになっています。

これは、登記にすべて登記識別情報をつけるというのではなく、改正後、新たに申請された段階で新たな「名義人」に登記識別情報をつけるということです。

(1)　保証書制度が廃止されたのは、ブック庁と同様ですが、ブック庁における「登記済証」を「登記識別情報」と読み替えていただければ、本人確認制度は同様のものです。

【図表9　オンライン指定庁の書面申請】

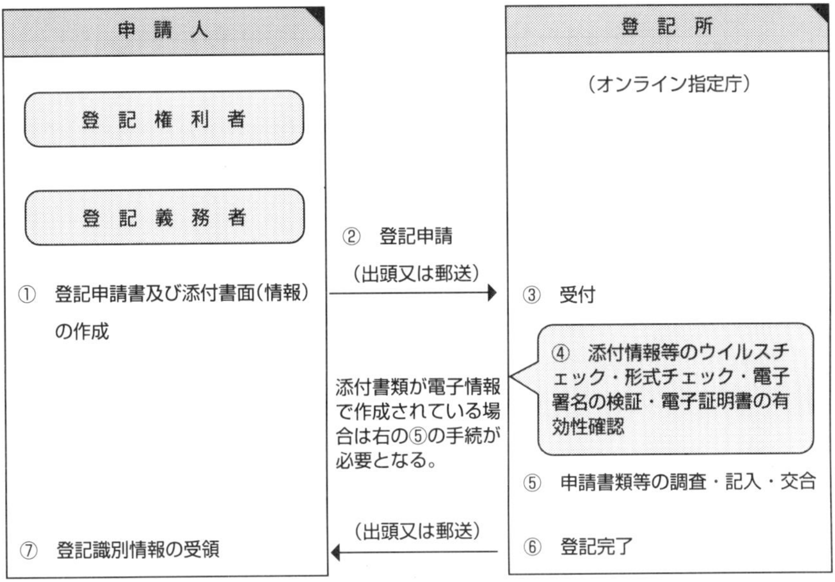

(2)　オンライン受付を原則としていますので、受付のシステムが同一でなければ順位に差が出てしまいます。

そこで、窓口申請をした人には、発番機等によりオンライン申請と同時にならないようにされます。

(3)　住民票は、住民基本台帳ネットで確認できますので、添付不要です。

(4)　申請窓口は、コンピュータ処理をしている指定庁なので、申請情報をフロッピーディスク等で提出することができます。

(5)　その他、不動産特定番号および共同担保目録については、ブック庁と同様です。

(6)　オンライン指定庁における補正

オンライン指定庁では、書面申請については窓口での補正、オンライン申請についてはオンラインでの補正が認められていますが、その逆に、書面申請についてのオンライン補正、オンライン申請についての窓口補正は、認められていませんので、注意が必要です。

Q5 改正前と同じ申請手続ではやれないの

A 同じ手続でできる部分もありますが、全く同じ手続ですることはできません。

★申請書副本の廃止

改正前の手続とほとんど同じ申請手続でできるのは、ブック庁・コンピュータ庁です。しかし、申請書副本制度が廃止され、必ず登記原因情報を提出しなければならなくなりましたので、全く同じ手続でよいとはいえません。

また、オンライン指定庁の書面申請も、登記済証が登記識別情報となりましたので、全く同じ手続ではありません。

【図表10　申請書副本の廃止】

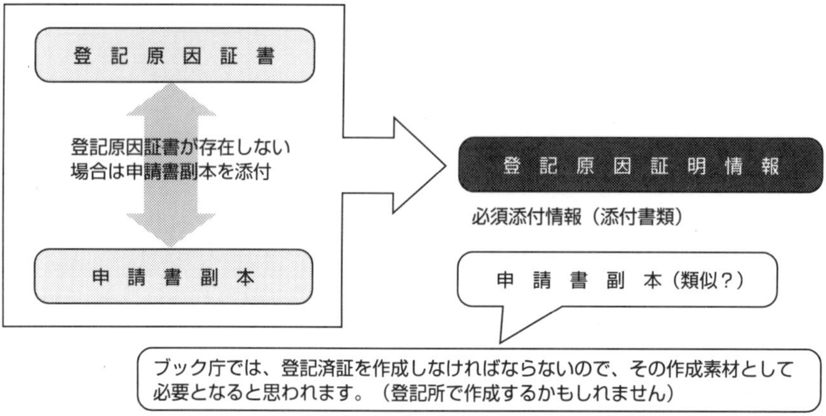

★保証書制度の廃止

また、保証書制度もなくなりましたので、もし登記済証（登記識別情報）を提出（提供）できない場合は、事前通知の制度によることとなります（詳しくはQ20、21参照）。

改正前は、登記済証のない人について保証書という紙によって本人確認をしていたのですが、今回の改正により、原則として登記の前に本人宛に通知するという、事前通知制度に改められたわけです。もっとも、資格者代理人による本人確認情報の提供という代替措置が設けられています。

なお、改正前の所有権に関する事前通知の制度は、仮受付の効果しかありませんでしたが、今回の改正により、登記申請時点で本受付の効果があることになりました。この点は一歩前進です。

★郵送で申請ができる

オンライン申請を前提にした改正と聞くと、何となく難しいとか怖いというイメージをもたれるかもしれませんが、次のように、今回の改正で申請しやすくなった部分もあります。

(1)　改正前は、登記所に行かなければならなかったものが、郵送でもできるようになりました。

これにより遠方の登記についても、郵送で申請をすることができますので、交通費など経費節減に繋がりますが、申請前の事前チェックを怠ると、郵送による補正ができない場合、補正のために遠方に出かけなければならなくなることもあり得ますので、事前準備が大切になってきます。

(2)　保証書による場合は、所有権の場合は事前通知が必要でしたが、今回の改正で、所有権以外の場合も、事前通知が原則とされました。

また所有権の事前通知は、さらに一定期間前に住所移転がされているときは移転前の住所に宛てて通知をすることになりました。

これは、偽造事件の１つのパターンとして住所移転と併せて所有権移転登記を申請した場合、移転後の住所に宛てて保証書はがきを通知する制度を悪用した事件が多発したことを受けて、本人が移転前の住所にいないことを確認するためです。

(3)　また、書類上整っていても本人が申請していないなどの疑義がある場合で、却下すべき原因がないときは、登記官が直接本人と面接する制度もできました。

改正前は、権利証を盗まれても登記をストップすることはできませんでしたが、本制度により、登記所に通知することが有効となります。

上記(2)(3)の措置により、知らない間に偽造書類により自分の不動産が移転登記されるというような事件は、確実に減るものと思われます。

Q6 申請情報の提供ってどういうこと

A 改正前は、登記申請書を登記所に提出していたのですが、コンピュータ化を前提とした改正なので、紙での申請を原則として予定していません。

したがって、改正前に登記申請書に書いていたような内容をデータとして提供することになりました。この提供するデータのことを申請情報といっています。

★申請情報とは

具体的には、次のものが申請情報とされています。

(1) 不動産を識別するために必要な事項

(2) 申請人の氏名又は名称

(3) 登記の目的

(4) その他の登記の申請に必要な事項として政令で定める情報

★申請情報の提供方法は

この申請情報を次のいずれかの方法によって提供（提出）しなければなりません。(改正法18条)

(1) インターネットによるオンライン申請の方法

(2) 申請情報を記載した書面（磁気ディスクを含みます）を提出する方法

上記の方法で適法に申請情報が提供されたときは、登記所は申請情報に係る登記申請の受付をしなければならないこととされています（改正法19条）。

★同一の不動産に関し２以上の申請のときは

また、同一の不動産に関し２以上の申請がされた場合に、その前後が明らかでないときは、これらの申請は同時にされたものとみなされて、同一の受付番号が付されます（同19条３項）が、その登記が互いに両立し得ないような登記であれば、却下されてしまいます（Q26参照）。

Q7 添付情報の提供ってどういうこと

A 登記申請情報を提供しても、それだけではその申請情報が実態（事実）に合致しているかどうかは判断できませんので、正しい登記をするために添付情報の提供が求められています。

★添付情報とは

真実の登記をするために、申請情報と併せて提供しなければならない情報のことを添付情報といいます。

オンライン申請の添付情報としては、「登記識別情報」、「登記原因証明情報」などが定められています。

★従来の添付書類は添付情報と改められた

前述した登記申請書が「登記申請情報」と改められたことと同様、添付書類が「添付情報」と改められたわけです。

法律上は「添付情報」という表現ではなく「申請情報と併せて提供することが必要な情報」と表現されています（改正法25条9号・26条）が、長いので、一般に添付情報といわれています。

例えば、所有権移転登記のオンライン申請の添付情報をみると、図表11のとおりです。

【図表11　オンライン申請の添付情報】

添付書類
● 原因証書　● 登記済証
● 委任状　◎ 印鑑証明
○ 住民票

↓

添付情報
●登記原因証明情報　●登記識別情報
●委任データ（電子署名・電子証明書付）

◎ 印鑑及び印鑑証明書は、電子署名及び電子証明書をもって代えられます。
○ 住民票は住基ネットにより確認されますので、添付不要です。

よって

戸籍謄本や許可書等が必要な場合に添付情報として電子情報化できないときは、オンライン申請はできないことになります。

Q8 共同申請主義の維持ってどういうこと

A　不動産の権利の登記申請は、登記権利者（登記申請をすることにより直接利益を受けるもの）と、登記義務者（登記申請をすることにより直接不利益を受けるもの）との共同申請によることとされています。

売買による所有権移転登記を例にとると、売り主と買い主が共同して申請してくださいということです（図表12参照）。

【図表12　共同申請のしくみ】

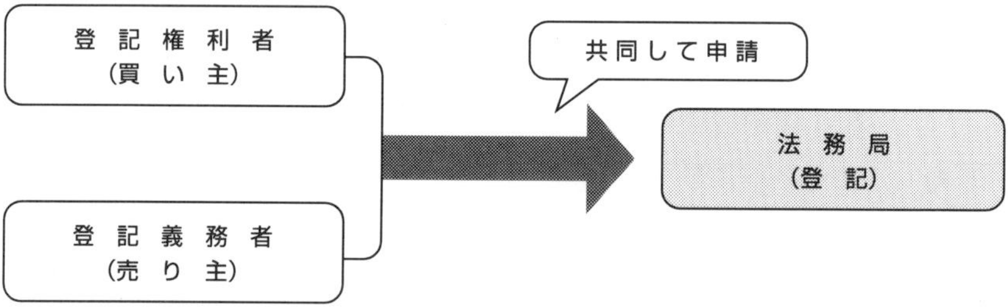

★安全面の確保などのため共同申請主義は維持

買い主からすると、登記をするかしないかは自分の自由で、売り主に勝手に登記されても自分の意思に反して登記をされてしまったということになりかねません。また、売り主からすると、自分の知らないところで自分の不動産が誰かに移転登記されてしまうことがないように登記を申請する機会が与えられなければならないことになるわけです。

今回の改正にあたっては、ネットでの申請であれば売り主の承諾がきちんと確認できるようにすれば、買い主が単独で「自分が買ったんだ」という所有権移転登記を申請してもいいのではないかという点も検討されました。

しかし、現在とられている共同申請主義を廃止すると、安全面で後退したイメージが否めず、またオンライン申請にしたとしても積極的に否定すべき理由もないということで、改正前と同じように共同申請主義が維持されることになりました。

★オンライン申請での共同申請は

維持される共同申請主義が、オンライン申請ではどのように機能するかという点を考えてみましょう。

オンライン申請で共同申請をする場合、登記権利者と登記義務者が同時に登記申請をするかどうかという点は、法律の条文を見ただけでははっきりとわかりません。しかし審議会の発言等から推測すると、双方が時間を異にして申請するという方法は考えていないようです。つまり同一の登記申請ソフト上で共同申請主義を維持するようです。

そうしますと、登記権利者が先に申請データを送ったり、または登記義務者が先に申請データを送り、双方のデータがすべて到達した時点をもって受け付けたものとみなすということは、考える必要はなくなるわけです。

そういった点では、受付段階での順位の確保や、登録免許税の納付等についての問題点はなくなりますが、逆に登記権利者及び登記義務者が同一申請ソフトを使わなければ登記申請行為ができないという不都合が生じます。

【図表13　オンライン申請の共同申請】

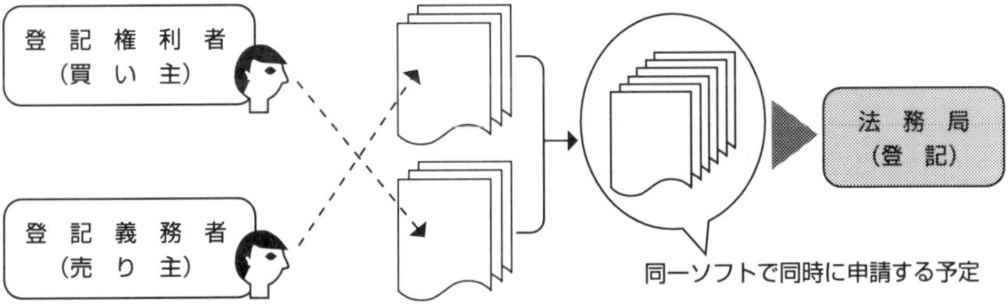

※同一ソフト上で申請することになると、お互いの秘密が筒抜けになる可能性もありますので、パスワードの入力・登記識別情報の入力の場合など情報管理に注意が必要です。

★司法書士がメール等で委任データ等のやりとりをすれば問題は少ない

もちろん、ネット上で登記権利者及び登記義務者の代理人として司法書士がメール等により委任データ等の添付情報や登記識別情報などのやりとりをすれば、問題は少ないと思います。

しかし、仮に銀行等の窓口で契約当事者が一堂に会し同一ソフトでデータのやりとりをする場合を想定しますと、登記識別情報の漏えいや、公的個人認証のパスワードの漏えいなどが問題となる可能性がありますので、情報の管理には今後さらに十分な注意が必要になるでしょう。

Q9 出頭主義の廃止ってなぜ

A　出頭主義というのは、権利の登記を申請するときは必ず登記所に出頭しなければならないという制度のことで、郵送等を認めないということでした。

★権利の登記申請のみ適用されていた出頭主義

この出頭主義は不動産の権利の登記申請のみ適用されており、表示の登記については適用されていませんでした。表示登記に適用されないのは、受付順位が問題になることはなく、また登記官が職権で登記することが可能であるという理由からです。

★権利の登記に出頭主義がとられていたわけは

権利の登記について出頭主義がとられていたのは、次の理由からです。

1．受付順位を確定しなければならないということ

2．即日に補正の機会を与えなければならないということ

3．出頭している人が本人であるということを確認するということ

しかし、即日補正の機会を与えるといっても、実際に登記を申請した時点で調査をし、その場で補正の指摘をしてくれるわけではありません。

現実には、数日後に補正日というものを設定し、その日に補正があるということを知らせることが多く、申請日に補正をすることはありませんでした。

また本人確認にしても、代理人が出頭した場合などには本人の確認について添付書面から確認するしかありませんでしたし、現実問題として不動産登記の約95%は司法書士が代理して登記申請をしていますので、本人が出頭するということはまれでした。

したがって、出頭主義の現実の必要性としては、順位を確定するという点が最も重要であるといわれていました。

★出頭主義は全面廃止

そこで、今回のインターネットによるオンライン申請を可能とする不動産

登記法の改正に際し、オンラインでの申請について、当事者に出頭を求めることは現実的ではありませんし、受付の順位についても、オンライン申請と書面申請を同一の受付システムにすれば、受付の順位の問題はクリアされるわけです。

★登記官による本人確認制度を新設

残る問題として、本人確認をどうするかという点がありましたが、これについても、新たに登記官による本人確認という制度が設けられました。

これは、改正前まで登記官の審査権限が書面審査のみであるといわれ、書類さえ完備していれば登記を受理せざるを得ないという現状から一歩前進し、登記を申請してきた人が本人であるということを疑うに足りる相当な事由がある場合には、登記官は本人を確認することができるという権限を明文化したものです。

★郵送申請OKに

そして、出頭主義を廃止した以上、改正前まで認められなかった郵送による申請も認めることとなりました。

実際に嘱託登記などは、権利の登記も郵送による嘱託を認めていましたので、申請による登記に郵送申請を認めても、実務上それほどの問題は起きないだろうと思われます。

問題が起きるとすれば、郵送申請が増えることにより、順位が錯綜したり、郵便事故により郵便物が紛失したりする場合でしょう。

★郵便申請の問題点

郵送申請における問題点としては、次のようなものが考えられますが、不安な場合はやはり出頭したほうが安心かもしれません。

(1)　郵便物の紛失等の事故やバイク便による交通事故
(2)　受付順位の不安定さ（まとめて配達された場合）
(3)　管轄違いによる却下（移送の規定がない）
(4)　本人限定郵便における留置期間と長期不在（登記識別情報の受領）
(5)　郵便料金不足の場合の処理（登記所は立て替えてくれるか）
(6)　別当事者からの郵送による連件申請（順位と添付書類の援用等）

Q10 申請受付順位の決定はどうなるの

A 出頭主義がとられているときは登記所の窓口にみんな出頭しましたので、受付の順位はその出頭（申請）順位によることになり、問題となることはありませんでしたが、オンライン申請となると、受付はどうなるかということが問題となります。

★郵送申請のときは受付順位の決定が問題

ブック庁・コンピュータ庁とオンライン指定庁で違いがあります。

ブック庁・コンピュータ庁については、前述のとおり出頭主義が廃止されましたので、郵送申請のときは順位の決定が問題となります。

オンライン指定庁では、ネット申請の受付がさらに加わります。

図解すると、図表14、15のとおりです。

【図表14　ブック庁・コンピュータ庁の申請受付】

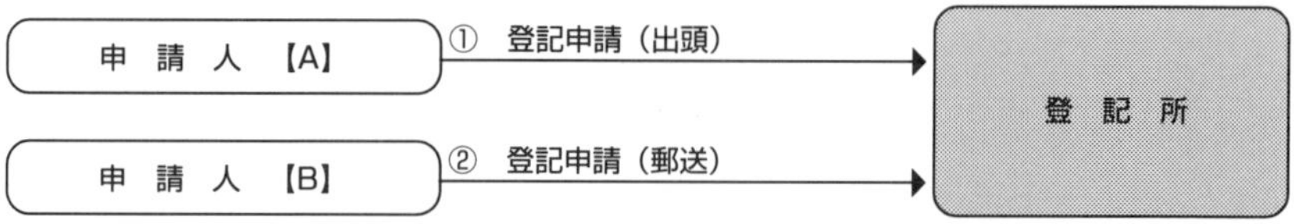

①については、申請人が受付箱に入れます。②については、郵便物を受付の人が開封し、受付処理します。

【図表15　オンライン指定庁の申請受付】

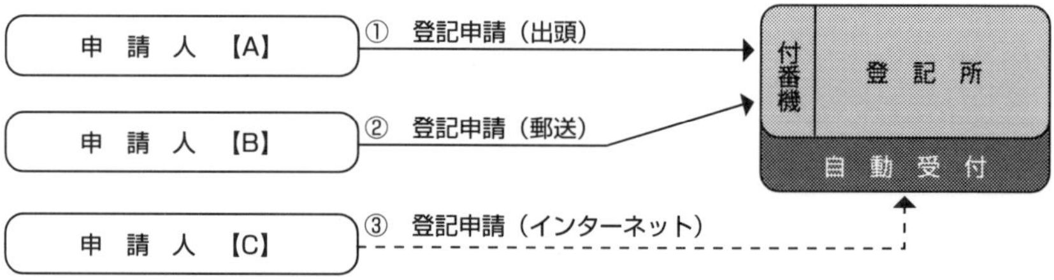

①については、申請人が付番機から番号を受け取ります。②については、郵便物を受付の人が開封し、付番機から番号を受け取ります。③については自動受付です。

★問題となるのは郵送による申請

前述のようになりますと、原則として受付順位が同時になることはないでしょうが、問題となるのは郵送による申請です。

★ブック庁・コンピュータ庁の郵送申請の問題点

ブック庁・コンピュータ庁で考えてみると、窓口に来た人が受付箱に申請書を入れるときは別な人が同時に入れることはないでしょうし、郵送による場合も封筒を法務局受付の人が開封してそれぞれ受付番号を振っていきますので、一見問題がないようにみえます。

しかし、夜間に郵便が届いた場合やたくさんの郵便物が一度に法務局に到達した場合はどうなるでしょうか。

夜間については受付をしていませんので、朝一番に到達したことになるでしょうが、窓口に朝一番に来て申請箱に申請書を入れた人との夜間郵便物の順位はどうなるかという問題があります。

また、郵便局の人も郵便物がたまると大きな袋１つにまとめて入れて持ってくることもあります。そのときに、どの封筒が先に届いたことにするかというのは問題です。

★オンライン指定庁の郵送申請の問題点

オンライン指定庁には付番機というのが設置される予定です。その付番機とインターネットによるオンライン受付のものとはリンクする予定ですので、時間的に同時ということはあり得ません。

しかし、上記と同様、郵送によるものが複数来た場合は受付の人が付番機から番号を取ることになりますので、その際の順番が問題となります。

なお、オンライン申請については、夜間でも申請（送信）することはできますが、次の開庁時の最初に時間外申請の順序に従って受け付けられることになりますので、受付番号はその時点で振られることになっており、夜間の郵送よりは優先するものと思われます。

★矛盾する登記申請は却下

上記のような郵送申請の問題点は、不動産が別な場合はそれぞれ独立の受付番号が振られると思いますが、同一不動産に関し複数の申請が郵送によった場合は同一受付番号が振られ、矛盾する登記に関しては却下されることになると思われます（改正法19条３項）。

Q11 本人確認の電子署名ってどういうこと

A　ネット社会の取引では紙で送れませんから、通常の取引のように資格証明書や印鑑証明書を提出して本人を確認することができません。

また面前取引ではありませんので、「なりすまし」「偽造・改ざん」「否認」等の問題にどう対処するかという問題があります。

そこで、現在使われている制度が電子署名です。

【図表16　ネット社会の取引】

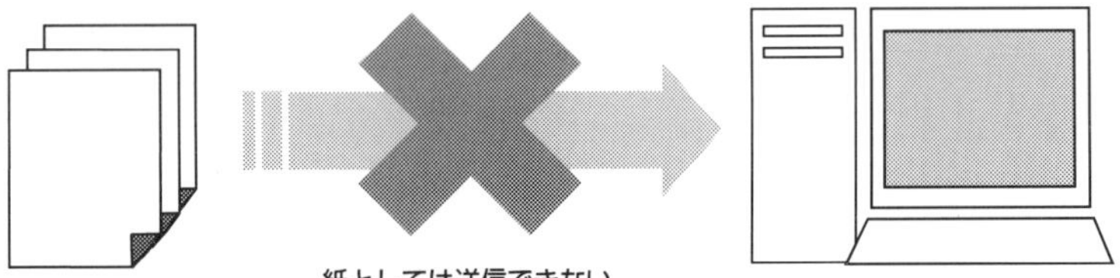

★なりすまし・偽造・改ざん等の問題解決のために電子署名使用

上記のようにインターネットでは、紙で送れませんので、送信するものはデータ化しなければなりません。

しかし、データ化しただけでは、情報の提供はできても、その人が本当に作成したデータかどうかはわかりません。たとえデータの末尾に「甲作成」と記名があっても、果たして本当に甲が作成したものかどうかという不安は残ります。

また、本当に甲が作成していたとしても、データ作成以降に改ざんされる可能性もあります。

そこで、そうした問題を解決するために電子署名が使われるようになりました。

★電子署名のしくみの中で活躍するのが「鍵」

電子署名というと、電子的に署名するイメージがありますが、そのしくみは結構複雑で、そのしくみの中で活躍するのが「鍵」です。

鍵については暗号化するための鍵と復元するための鍵が必要になりますが、その鍵には、同一のものである場合（図表17）と別なもの（図表18）である場合があります。

★公開鍵暗号方式を法務省は採用

同一の鍵を使用する方式を「共通鍵暗号方式」（図表17）といい、別な鍵を使用する方式を「公開鍵暗号方式（認証モード）」（図表18）といいますが、安全性に優れ、広範囲に利用されている公開鍵暗号方式を法務省は採用しています。

例えば、データＡに電子署名をする場合は、データＡを甲の所持する秘密鍵により暗号化します。その暗号化したものをデータBとすると、甲が乙にデータＡとデータＢ＋公開鍵を送信します。（データＢが電子署名）

受信した乙は、データＢを公開鍵により平文化（暗号化を復元すること）します。その平文化したものをデータＡ－２としますと、受け取っているデータＡと平分化したデータＡ－２は同じものとなります。

そこで、乙としてはデータＡは間違いなく甲の秘密鍵で暗号化されたものだということがわかり、途中データの改ざんも行われていないことが確認できるというしくみです。

【図表17　共通鍵暗号方式】

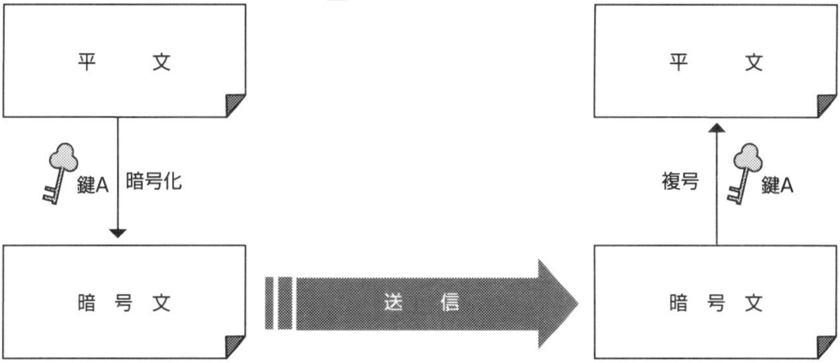

暗号化鍵「A」と復号鍵「A」は同一

※鍵が同一であるため、単純化し、高速演算処理が可能となりますが、不特定多数の相手方と通信しようとすれば、相手ごとに鍵を変えなければ、安全は保てないことになります。

【図表18　公開鍵暗号方式】

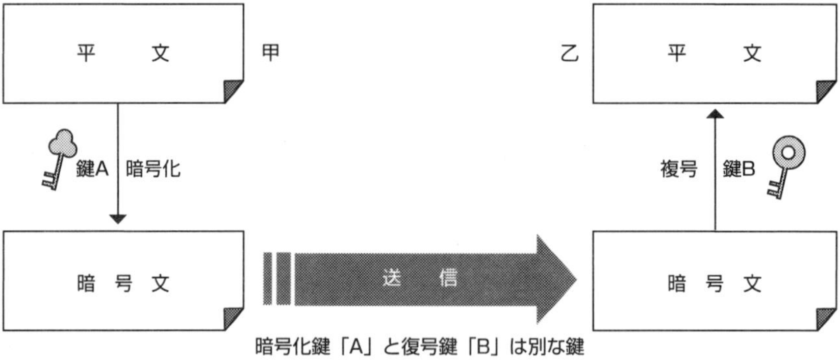

※　暗号化鍵「A」と復号鍵「B」は一対の鍵ペア。
※「A」で暗号化されたものは「B」でしか復号できないし、「B」で暗号化されたものは「A」でしか復号できない関係になります。
※一対多対応の関係にある場合、本人の所有する鍵を「秘密鍵」、相手方の所持する鍵を「公開鍵」として、本人はあらかじめ公開しておくことも可能ですし、データと一緒に送信することも可能です。
※　実際には、暗号文を作成する際にハッシュ関数によりデータを圧縮（メッセージダイジェスト）し、計算量・時間が短縮されます。

★電子証明書の記載事項は

電子証明書の記載事項は、おおむね図表19のとおりです。

【図表19　電子証明書の記載事項】

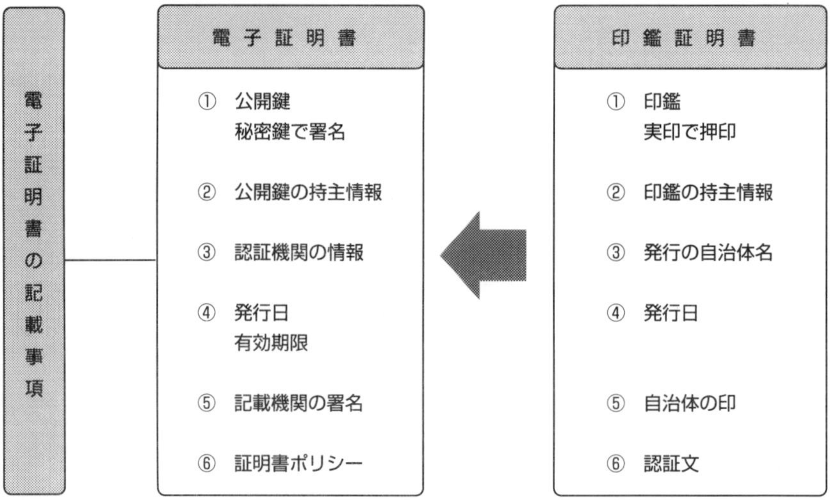

電子証明書の記載事項	電子証明書	印鑑証明書
	① 公開鍵　秘密鍵で署名	① 印鑑　実印で押印
	② 公開鍵の持主情報	② 印鑑の持主情報
	③ 認証機関の情報	③ 発行の自治体名
	④ 発行日　有効期限	④ 発行日
	⑤ 記載機関の署名	⑤ 自治体の印
	⑥ 証明書ポリシー	⑥ 認証文

Q12 本人確認の電子証明書ってどういうこと

A　前述の電子署名によってわかるのは、秘密鍵によって暗号化されたものがそれと対をなす公開鍵によって平文化されたということです。

しかし、果たしてその鍵が本当に甲本人のものであるかどうかは、証明されていません。

★鍵が本当に本人のものであるかどうかを証明

「この公開鍵は確かに甲の鍵ですよ」ということを証明してくれる機関が認証機関で、その発行にかかるものが電子証明書です。

例えば、秘密鍵・公開鍵の一対性により同一性が確認できるのは、印鑑でいうと「確かに甲の実印と同じものだ」という確認がされたようなもので、実印と印影が同一であっても印鑑証明書がなければ安心できないということで、鍵の証明にかかるものが電子証明書という関係になります。

【図表20　電子証明書の発行と使用】

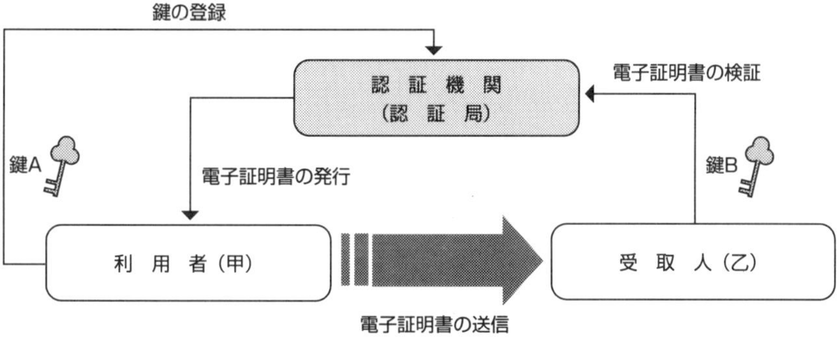

★認証機関の電子証明書の発行要件

認証機関では、主として次のことを証明します。

(1)　公開鍵Bは秘密鍵Aを用いて電子署名がなされ、その電子署名は利用者の電子署名であること。

(2)　電子証明書は、利用者に承認されていること。

(3)　電子署名作成時点で電子証明書は有効であり、効力が停止または失効していないこと。

(4)　秘密鍵が無権限者によりアクセスされたことがないこと。

★認証機関と認証方法は

民間の認証局については、いろいろな認証局がありますが、政府系認証局もいろいろあります。民間の認証局と政府系認証局を中継するものとしてブリッジ認証局があります。

自分で登録している認証局がどのようにして政府系認証局と相互認証するかという方法について説明しますと、ブリッジ認証局は各府省認証局と相互認証（各認証局が互いの公開鍵を認証しあうこと）をし、民間の認証局とも相互認証をしています。

したがって、あなたの登録している認証局は、ブリッジ認証局を通して政府系認証局と相互に認証がされていますので、お互いに電子証明書の有効性検証ができるというわけです。

★ 住所移転と電子証明書（要注意！）

日頃登記の仕事をしていますと、売り主が住所移転していることをよく経験します。例えば、売買では売り主が売買物件に住んでいましたが、売却後も住んでいることはまれで、通常売却と同時に新しいところに引っ越します。

現実には新しい住所に引っ越していても、住所変更の登記を行わず、古い住所で登記することもあります。

その場合、印鑑証明書は発行から３ヶ月間有効ですので、従来のシステムでの登記には何の問題もないはずですが、オンライン指定庁で登記を申請する際には別途注意が必要となります。

例えば、上記の例ですと、公的個人認証を受けている売り主が登記委任状(委任データ)、売買契約書（登記原因証明情報）に電子署名をし、電子証明書も添付したとします。その後、安心して住所移転の手続を区役所で行ったとします。その時点で、公的個人認証における電子証明書は自動的に失効してしまいますので、その失効に気づかず登記申請をした場合は却下されてしまいます。

したがって、電子証明書には、紙の印鑑証明書と違い「失効」というものがあることに注意する必要があります。

Q13 権利証(登記済証)がなくなるのはなぜ

A オンライン申請では、紙で作成されている権利証（登記済証）を利用することができなくなるからです。

オンライン指定庁になった後は、書面申請の場合でも、登記済証の制度は廃止になります。

★改正前の登記済証の機能

登記申請手続で本人確認の機能として用いられるものとして、印鑑証明書の他に重要なものとして登記済証があります。

登記済証は、登記が終わったときに登記権利者に交付される書面です。登記済証が交付されることは、第１に、今回申請をした登記が完了したという通知の意味合いがあります。第２に、次回の登記申請のときに、登記義務者としてその交付された登記済証を添付して、登記の申請人になるという登記名義人であることの証明の意味もあります。

オンライン申請については、この２つの機能をどうするのかが問題となりました。

第１の点については、登記完了通知の制度が設けられました。(Q25参照)

第２の点については、登記識別情報の制度が設けられました。(Q14参照)

★登記済証は改正後どうなるの

オンライン指定庁になると同時に、所持している登記済証が不要になるということではありません。

改正後においても、オンライン指定庁であるか未指定庁であるかにかかわらず、初めて登記申請をする場合は、改正前の登記済証を添付して登記の申請をすることになります。

(1)　オンライン指定庁の場合

施行後初めて登記申請をする場合は、まだ、登記識別情報を所持していませんので、登記申請が何年後になろうとも、登記済証を添付して登記の申請をすることになります。

ところで、オンライン指定庁で初めて登記の申請をする場合、オンライン申請ができるかどうか疑問があります。登記済証の添付は、オンライン申請になじまないからです。

ということは、オンライン指定庁になった場合でも、最初の申請は書面申請によらざるをえないということでしょうか。政令で運用が決められるのを待ちたいと思います。

ただ、登記済証を添付できない場合は、事前通知制度か資格者代理人による本人確認情報の提供制度を利用することになりますので、オンライン申請ができることになります。

(2) オンライン未指定庁の場合

登記済を添付して登記完了後は、新しい登記済証が発行されます。しかし、申請書副本制度が廃止されましたので、何を素材として新しい登記済証を作成するのかは検討中です。

上記の場合、保証書制度が廃止になりましたので、どこの登記所に申請する場合で、もし登記済権利証を添付できないときは、事前通知制度によるか、資格代理人による本人確認情報の提供制度によるということになる予定です（Q19、Q20、Q21参照）。

★いつから権利証がなくなるの？

改正後においても、登記済証を添付する必要がある登記の場合、その申請を初めて申請するときには、どこの登記所においても登記済権利証を添付する必要があります。

したがって、何年、あるいは何十年経過した後でも、改正後初めて登記の申請をする場合には、登記済証が必要になります。

極端な例をあげると、今年１才になる子供が不動産を相続により取得し、100才まで長生きし、その時点で、売買等により第三者に所有権を移転する場合にも登記済証を添付する必要がありますから、100年後も権利証が存在することになります。

このように、改正後も、登記済証と登記識別情報が併存する状態が続くことになります。

Q14 登記識別情報ってどういう情報のこと

A 登記識別情報とは、オンライン申請導入後に、登記済証（権利証）に代わり、本人確認機能を代替するものです。

その内容は、当面、12桁の英数字（AからZまで及び0から9まで）等の組合せによるパスワード的なものが考えられています（図表21）。

★登記識別情報とは

【図表21　登記済印判と登記識別情報】

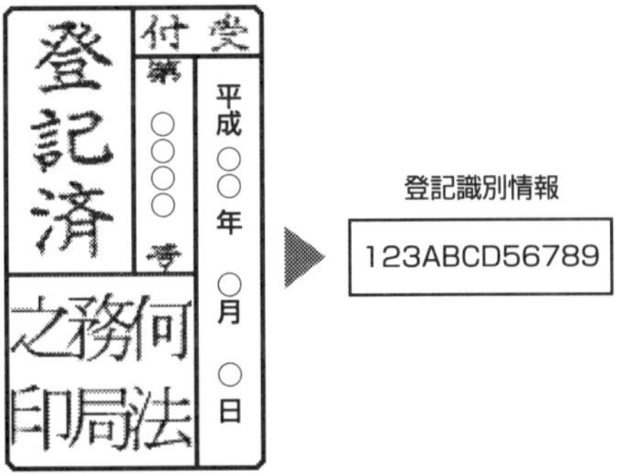

オンライン申請導入後においても、登記手続で本人確認手段を設けることは重要なことです。この考えから、前回の登記申請が完了したときに登記所が登記名義人になった者に対し、登記名義人を識別するための情報（以下、登記識別情報といいます）を通知するものとし、登記名義人が、次回に登記の申請人（登記義務者）として登記の申請をする場合には、原則として登記識別情報を提供しなければならないとする方式が採用されました。

登記識別情報は、不動産ごと、登記事項ごと、かつ登記名義人ごとに個別に発行される情報であり、原則として登記名義人のみに通知され、登記所のコンピュータで登記事項かつ登記名義人と連動して管理されます。

★登記識別情報の提供を要する登記申請は

登記識別情報の提供を要するのは、例えば、次の登記申請です。

(1)　権利（例えば不動産を売買したり、贈与する場合）の登記を登記権利者及び登記義務者が共同で行う場合

(2)　所有権の登記がある土地の合筆の登記

Q15 登記識別情報の通知ってどういう通知のこと

A　オンライン申請手続のときは、オンライン申請システムを経由して、暗号化されたデータを利用する方法により通知されることです。
書面申請のときは、書面を交付する方法により通知されることです。

★オンライン申請のとき

オンライン申請手続のときは、暗号化されたデータを利用する方法により通知がされます。

オンライン申請を登記権利者がする場合に、あらかじめ暗号を通信用に公開鍵と秘密鍵を作成し、作成した公開鍵を電子署名した上で、申請情報とともに登記所に送信しておく方法が考えられています。

★書面申請のとき

書面申請のときは、本人確認をした上で、窓口において目隠しシール（再貼付ができないもの）を貼り、登記官の証明印が付された書面（図表22）が交付されます。

【図表22　登記識別情報通知書　イメージ図】

登記識別情報通知書

平成○年○月○日
○○法務局登記官○○　印

次の登記の登記識別情報について、
下記のとおり通知します。
不動産の指示　○市○町○番地
（家屋番号○）
不動産特定番号　○○
登記の目的　○○
受付番号（順位番号）○（○番）
登記名義人の氏名又は名称　○○

記
登記識別情報

224A230BX630

（出所：法務省の補足説明より）

Q16 登記識別情報の管理ってどういう管理のこと

A 登記識別情報は、登記所のコンピュータで作成管理されます。

登記識別情報は、登記所側においても、通知された登記名義人側においても、その情報の管理は厳重に行うことが大切となります。

★登記識別情報の失効制度

登記識別情報の失効制度は、登記識別情報の管理をするのが困難だという点を考慮して設けられました。

具体的には、①登記識別情報を失念した場合、②登記識別情報を記録した媒体を紛失した場合、③登記識別情報を盗み見られたり、盗み見られそうな場合など、これらによる不正な登記の防止などのために利用されます。

(1) 登記識別情報の失効制度を利用する場合には、失効にかかる登記識別情報の提供をする必要はありません。

(2) この請求は、登記名義人又はその代理人しか認められません。したがって、①オンラインによる請求の場合には、電子署名及び電子証明書、②請求書による請求の場合には、印鑑証明書付きの印鑑で、登記名義人又はその代理人が失効制度の請求をしているかどうかを確認することになります。

(3) この失効制度の請求は、登記の申請をするかどうかに関係なくいつでも行うことができます。

(4) ただ、まず有効な登記識別情報の提供をして登記申請が行われ、その後登記識別情報の失効の請求がされた場合には、当該登記申請は有効な登記識別情報の提供があったとみなされます。

★登記識別情報の不発行制度

これは、登記名義人になった者が登記識別情報の通知を希望しないという申し出をした場合には、登記識別情報の通知は行わないとする制度です。

登記が完了すると同時に、上記の登記識別情報の失効の申し出があれば、初めから不発行を認めたと同じであるとの考えから採用された制度です。

Q17 登記識別情報の有効証明ってどういうこと

A 登記申請をする前に、登記申請を行おうとする登記名義人からの請求により、登記所が登記識別情報が有効であることの証明を行う制度です。

★どうして登記識別情報の有効証明が必要なの

登記識別情報は、登記所のコンピュータで作成管理されています。したがって、当事者は、自分の持っている登記識別情報の内容を見ただけでは、登記所で管理されている内容と合っているかどうかを確認することはできません。

登記所が保有している登記識別情報と照合することによって、その有効性を確認することができることになります。

★登記識別情報の有効証明の請求手続

登記識別情報の有効証明（図表23はサンプル）の請求手続のポイントは、次のとおりです。

【図表23　登記識別情報有効証明　イメージ図】

登記識別情報有効証明

平成○年○月○日
○○法務局登記官○○　印

次の登記請求者（○○）から平成○年○月○日付けの請求により提供された登記識別情報は、有効であることを証明する

記

不動産の所在	○市○町○番地（家屋番号○）
不動産特定番号	○○
登記の目的	○○
受付番号（順位番号）	○（○番）
登記名義人の氏名又は名称	○○

（出所：法務省の補足説明より）

(1)　登記識別情報を有する登記名義人、又はその代理人が請求します。

(2)　有効性の証明を求める登記識別情報を提供する必要があります。

(3)　オンラインによる請求の場合には、請求情報に電子署名をし、併せて電子証明書を提供します。

(4)　請求書による請求の場合には、請求書に印鑑証明書付きの印鑑が必要です。

★有効証明の内容

登記識別情報の内容（英数字等の組合せ）は、有効証明の内容としては開示されません。

登記識別情報の不発行制度を利用した場合には、そもそも登記識別情報の通知を受けていませんので、登記識別情報の有効証明の請求をすることはないと考えられます。

しかし、失効制度を利用した場合には、登記識別情報の有効証明の請求をすることがあると考えられます。このとき、失効制度を利用していると表示されるか、それとも登記識別情報が有効でないと表示されるのかについては今のところ定かではありません。

★立会時の問題点

司法書士が、売買代金の授受や担保権の設定等の決済の場に立会う場合には、事前に登記簿等を調べたりして、事前の準備をします。

改正後は、さらに、登記識別情報の有効証明による確認作業が加わりました。立会前に行うかどうかは別として、少なくとも、立会の当日には確認作業をすることになると思います。

その場合、確認作業をして、それから決済をし、登記の申請をするという流れになると思いますが、その間に登記識別情報の失効の申し出があった場合はどう対処したらよいのでしょうか。

登記識別情報の失効の申し出があった場合に、すぐに登記識別情報の有効証明が無意味になるとすれば、その後の登記申請がスムーズに行かなくなります。

これは、重要な問題だと思いますので、何らかの解決方法がほしいと思います。

Q18 登記識別情報の再通知なしってどういうこと

A 改正後においても、登記識別情報の再通知は行われません。これは、登記済証(権利証)の再発行が認められていなかった改正前と同様です。

★改正前は

改正前は、登記済証の再発行は認められていませんでした。

そもそも、登記済証は、登記申請手続をした登記権利者に対して発行されるものであり、次回の登記申請の際に登記義務者としてそれを添付するという手続構造のもとで、登記手続固有の本人確認手段として意義をもっていました。

登記済証の再発行を認めた場合には、一般の身分証明書と同様なものとなり、何らかの方法で本人確認をすれば常に発行されることになってしまいます。

これでは、せっかく登記手続固有の本人確認手段としての意義を失ってしまいます。また、不正取得の可能性もあるという理由で、再発行は認められていませんでした。

登記の申請をする場合に、登記済証が添付できない場合は、保証書によって申請をしなければなりませんでした。

★改正後は

改正後においても、登記識別情報の再通知は行われません。登記済証の再発行が行われないという考え方と同じです。

登記識別情報は、登記申請時に登記名義人になった者に対して通知される情報です。登記申請時以外で取得することはないという点で、登記済証と同様です。

したがって、改正前において登記済証の再発行が認められていなかったにもかかわらず、あえて不正取得等の危険を犯してまで登記識別情報の再通知の制度を設ける必要はないとされました。

Q19 保証書制度の廃止ってなぜ

A 改正後は、オンライン指定庁であるか未指定庁であるかにかかわらず、保証書による登記の申請は廃止になりました。

廃止された保証書制度に代わり、改正前の通知制度をより充実させた事前通知制度が採用されます（Q20参照）。

★改正前の保証書制度

改正前は、登記の申請時に登記済証を添付しなければならない場合に、それを添付できないときは、登記済証の代替として保証書を提出しなければなりませんでした。

(1)　所有権に関する登記申請の場合には、保証書の提出と同時に、登記所から登記名義人に対して事前通知をしていました。

(2)　所有権に関する登記以外の登記申請の場合には、保証書を提出し、登記完了後に登記所から登記名義人に対して事後の通知をしていました。

★廃止の理由は

しかし、この保証書制度に対しては、その有用性に対して疑問がもたれていたところでした。

また、この保証書を利用した不正な登記申請事案が少なからず発生していました。

例えば、登記名義人になりすまして勝手に住所を移転させ、登記簿上の住所を変更すれば、この事前通知は、原則として普通郵便によって変更された住所地に通知されることになります。

したがって、登記名義人の知らない間に登記簿が書き換えられるケースがありました。

このような問題点があるため、保証書制度を廃止すると同時に、新たに、従前の通知制度をより充実させた「事前通知制度」が採用されたのです。

保証書制度は、改正法が施行されると同時に廃止されます。

Q20 事前通知制度ってどういう制度のこと

A 事前通知制度というのは、登記名義人である申請人が、登記識別情報の提供をしなければならない登記の申請をする場合で、登記識別情報を提供することができないときに、本人であることを確認するための制度です。

★事前通知制度とは

登記識別情報の提供をしなければならない登記の申請をする場合に、登記識別情報を提供することができないときは、何らかの方法で本人であることを確認する必要があります。

この本人確認は、登記名義人に対して、登記申請手続とは別の郵送という方法によって行われます。

オンライン申請の場合でも、登記所から確認のための書面が送られることになります。

その通知の内容は、①登記申請があった旨、②登記申請に間違いがない場合にはその旨の申し出をすべき旨です。

そして、通知後一定期間（2、3週間になる予定）内に、登記名義人から登記申請に間違いがない旨の申し出があった場合に限り登記をする制度です。

この事前通知は、本人が確実に受領することができる方法によってされなければ意味がありません。

今のところ、例えば、後述の「本人限定受取郵便」等を利用して登記名義人本人に対して郵送する方法が考えられています。

★受付順位の確保は

改正前は、所有権登記の申請を保証書でするときは、初めの登記申請は仮受付でした。登記所からの事前通知によるハガキを登記所に届けることによってはじめて本受付が行われ、順位が確保されました。

改正後の事前通知制度では、名義人からの申し出のときではなく、初めの登記申請の時点で順位が確保されます。

★前住所への通知制度

所有権登記の申請については、登記の申請が受け付けられた日から一定期間内（6か月程度）に、登記名義人の住所について登記名義人表示変更の登記（住所変更の登記）がされていた場合には、前記の事前通知のほか、変更前の登記上の住所に宛てて、登記の申請があったことが通知されます。

前住所への通知は、「転送不要」郵便で発送されます。

★改正後はすべての登記所が事前通知制度等による登記申請に

改正法施行と同時に、保証書の制度は廃止になりますので、登記済証を添付できない場合や、登記識別情報を提供できない場合には、オンライン指定庁になる前でも、オンライン指定庁になった後でも、すべての登記所で事前通知制度か資格者代理人による本人確認情報の提供（Q21）等での登記申請になります。

★立会手続での問題点

改正前の保証書制度のときは、最初の登記申請の受付は仮受付でした。その後、登記所から郵送されてきたハガキを届けた時点で本受付がされました。売買代金の授受等の決済の手続もハガキを持参した時点で行われていました。

改正後の事前通知制度では、初めの申請の時点で本受付になります。ところがその時点では、本人確認が完全にできている状態ではありません。したがって、どの時点で代金の授受や担保権の設定をするのかの判断が困難になるケースが考えられます。

以上のことから、登記識別情報を提供できない登記の申請をする場合には、資格者代理人による本人確認情報の制度を用いる方法で対処する場面が多くなると思われます。

★本人限定受取郵便とは

平成13年3月1日から施行された制度です。本人に郵便局から通知書が送られ、郵便局の窓口で免許証等を提示して受け取る郵便の方法です。受取りの際の身分証明書は、写真付きの場合は1点、写真なしの場合（健康保険証、年金手帳等）は2点必要です。

Q21 資格者代理人による本人確認情報の提供ってどういうこと

A　Q20の事前通知手続を行うべき登記の申請を、資格者が代理人として申請している場合に、登記名義人を確認したことについて具体的な情報を提供したときは、事前通知の手続を省略することができるとする制度です。

★資格者が代理人として登記の申請をしていること

資格者とは、登記の申請の代理を業とすることができる者（司法書士、土地家屋調査士及び弁護士：民事執行法82条２項）です。

なお、この資格者代理人は、登記権利者、登記義務者のどちらの代理人となっている場合でもかまいません。

★資格者である代理人から本人確認情報の提供があったこと

登記名義人を確認した方法、例えば①面識を有している者か、②面識を生じた経過は何か、③面識を有しない場合に確認に使用した資料等は何かを具体的に明らかにすることが必要です。

★登記官が本人確認情報を信頼できると認めること

上記の要件が揃った場合に、登記官は、本人確認情報に基づいて、それを審査することにより本人確認をすることができますので、事前通知の手続を省略することができることになりました。

所有権登記における前住所への通知(Q20参照)は、この資格者代理人による本人確認情報の提供があった場合には省略できるようになる可能性があります。

★登記名義人確認情報の書式サンプル

登記名義人確認情報の書式等については、現在検討中ですが、検討されている書式サンプルを示すと、図表24から26のとおりです。

正式な書式として公表されるものは、これらの書式サンプルとは若干変わったものになると思われます。

【図表24　登記名義人確認情報（個人・面識ありの場合）イメージ図】

登記名義人確認情報提供書（個人：面識あり）

提　供　日　平成18年5月29日

1　確認すべき登記名義人及び申請する登記の目的

管轄登記所	○○地方法務局○○支局
不動産特定番号	第654321○○号
受付年月日	平成17年9月26日受付 第11638号所有権移転
登記義務者	○○県○○市○○町三丁目16番地1　甲野一郎
申請する登記の目的	所有権移転

2　登記識別情報を提供できない事由　平成17年９月26日通知の登記識別情報は失念

3　面談の日時場所等

日　時	平成18年５月29日午前10時
場　所	司法書士東太郎事務所
面談者	登記名義人本人
同席者	なし

4　登記名義人との面識の有無　有☑・無☐

5　登記名義人確認方法　以下のとおりの面識により登記名義人を確認した

面識を生じた時期	平成17年９月１日
面識を生じた経緯	平成17年９月１日、甲野一郎氏から相続登記に関する依頼を受け、同氏自宅を訪問。平成17年９月１０日、同氏宅において他の兄弟を交えて行われた遺産分割協議の場に同席して本件物件に関する相続登記手続代理を受託。平成17年９月26日相続登記を完了後、当事務所に出向いてきた甲野一郎氏に関係文書を手渡した。

司法書士法第３条により登記手続の代理を業とする資格者として、同法第２条の職責のもと、本件登記申請の上記登記義務者につき上記のとおり申請権限を有する登記名義人であることを確認したので、不動産登記法第○○条に基づき登記名義人確認情報を提供します。

東京都新宿区○○町二丁目15番６号　司法書士　東　太郎 職印

（登録番号　東京第1234号　昭和23年12月３日生）

※電子申請では日司連の電子認証を受けた電子署名を付し、書面による提供の場合は職印につき、東京司法書士会発行の職印証明書を添付。

（出所：日本司法書士会連合会資料より）

【図表25　登記名義人確認情報（個人：面識なしの場合）イメージ図】

登記名義人確認情報提供書（個人：面識なし）

提　供　日　平成17年10月29日

1　確認すべき登記名義人及び申請する登記の目的

管轄登記所	○○地方法務局○○支局		
不動産特定番号	第654321○○号	受付年月日	平成17年9月26日受付 第11638号所有権移転
登記義務者	○○県○○市○○町三丁目16番地1　甲野一郎		
申請する登記の目的	所有権移転		

2　登記識別情報を提供できない事由　平成17年９月26日通知の登記識別情報は平成17年10月20日申出により失効

3　面談の日時場所等

日　時	平成18年５月29日午前10時	場　所	（有）○○不動産事務所
面談者	登記名義人本人	同席者	丙野三郎（宅地建物取引主任者）

4　登記名義人との面識の有無　有☐・無☑

5　登記名義人確認方法　登記名義人と面識を有しないため以下の方法で確認した

（1）顔写真付公的身分証明書による確認　申請人から交付を受けた東京都公安委員会発行運転免許証により確認

氏　名	甲野一郎　昭和14年3月21日生
本　籍	○○県○○市○○町三丁目16
住　所	○○県○○市○○町三丁目16-1
交付年月日	平成15年２月21日
番　号	04687
有効期間	平成19年の誕生日まで有効
免許の条件	眼鏡使用
番　号	第○○700577200号
写　真	運転免許証添付の顔写真と本人を照合し同一性を確認
そ の 他	免許証に外観形状等に異常は存しない

（2）申請人の陳述　下記個人特定情報に基づく質問に対する回答による確認

① 氏名及び生年月日、年齢、干支 は	甲野一郎。昭和14年３月21日生。64歳。卯年
②住所は	○○県○○市○○町三丁目16番地-1
③本籍は	○○県○○市○○町三丁目16番地

（3）登記情報に基づき聴取確認

登記名義人に対し、本件不動産の権利取得経過について聴取したところ、前所有者につき、登記記録と一致した正確な氏名住所を述べたほか、その所有権移転の登記の申請代理人の氏名を述べたので、当職において申請代理人司法書士○○に電話でその旨確認したところ、相違ない旨の回答を得た。その他疑義を生ずる事情等は存しなかった。

司法書士法第３条により登記手続の代理を業とする資格者として、同法第２条の職責のもと、本件登記申請の上記登記義務者につき上記のとおり申請権限を有する登記名義人であることを確認したので、不動産登記法第○○条に基づき登記名義人確認情報を提供します。

東京都新宿区○○町二丁目15番６号　司法書士　東　太郎　職印

（登録番号　東京第1234号　昭和23年12月３日生）

（出所：日本司法書士会連合会資料より）

【図表26　登記名義人確認情報（法人代表者以外の者の場合）イメージ図】

登記名義人確認情報提供書（法人）

提　供　日　平成17年10月29日

1　確認すべき登記名義人及び申請する登記の目的

管轄登記所　○○地方法務局○○支局

不動産特定番号　第654321○○号　受付年月日　平成17年4月26日受付 第16309号抵当権設定

登記義務者　大阪市北区○○町二丁目3番4号　株式会社東西銀行（取扱店東京支店）

申請する登記の目的　抵当権抹消

2　登記識別情報を提供できない事由　申出により不通知

3　面談の日時場所等

日　時　平成17年10月28日午前2時　場　所　株式会社東西銀行　東京支店○○室

面談者　融資課長A氏　同席者　融資課主任B氏

4　登記名義人との面識の有無　有☐・無☑

5　登記名義人確認方法　登記名義人（代表者）と面識を有しないため、以下の方法で確認した

（1）支店登記　支店番号12　東京都中央区○○三丁目4番5号

（2）当職は、以下の事実により登記義務者の申請権限を確認した。

①A氏と面接を生じた時期及びその理由

平成15年4月、A氏が東京支店融資課長に着任後、当職は、前任のC氏から紹介されA氏と知り合い、その後、同氏から月数度、抵当権設定などの仕事を継続して受任している。

1記載の抵当権設定登記は、当職が申請手続を代理して行ったものである。その際の書類の授受は、東京支店融資窓口において行い、直接の担当者は融資課長A氏であった。

②A氏の権限

本件依頼は、東京支店融資窓口において他の職員の面前で行われており、A氏から抵当権抹消登記に必要な抵当権消滅証書、委任状、代表者印鑑証明書の交付を受けている。

東京支店支店長D氏から、平成17年10月28日、電話（電話番号○○－○○○○－○○○○）で融資課長A氏が融資業務並びに担保管理業務の責任者としての職にあることを確認した。

司法書士法第3条により登記手続の代理を業とする資格者として、同法第2条の職責のもと、本件登記申請の上記登記義務者につき上記のとおり申請権限を有する登記名義人であることを確認したので、不動産登記法第○○条に基づき登記名義人確認情報を提供します。

東京都新宿区○○町二丁目15番6号　司法書士　東　太郎　職印

（登録番号　東京第1234号　昭和23年12月3日生）

（出所：日本司法書士会連合会資料より）

Q22 登記原因証明情報の提供ってどういうこと

A 不動産の権利に関する登記申請をする場合には、登記原因を証する情報（以下、登記原因証明情報といいます）を提供しなければなりません。

これは、今回の改正で、新たに採用された制度です。改正法の施行と同時に、すべての登記所で権利の登記申請をする場合には、「登記原因証明情報」を必ず提供しなければならなくなりました。

改正前の原因証書と異なり、これまで性質上原因証書が不存在とされていた登記（例えば、真正なる登記名義の回復、相続等）を含め、すべての登記について必ず登記原因証明情報を添付（提供）しなければならなくなりました。

★改正前は

登記の申請をする場合には、原則として、申請書に登記原因を証する書面（以下、原因証書といいます）を添付しなければなりませんでした。

原因証書というのは、登記すべき物権変動の原因たる法律行為又は法律事実の存在を形式的に証明する書面です。

例えば、売買を原因として所有権を移転する場合の原因証書は、売買契約書あるいは売渡証書です。銀行等からお金を借りて抵当権等を設定する場合は、抵当権設定契約書等です。

原因証書を提出するのは、これによって登記の真正を確保しようとすることがその理由ですが、むしろ、提出された原因証書を用いて登記済証を作成するためでもありました。

ところで、原因証書を添付すべしといっても、最初から契約書が作成されていなかった場合や、紛失した場合、あるいは相続等の場合のようにその性質上そもそも原因証書がない場合があります。

その場合には、原因証書に代えて申請書副本を提出しなければなりませんでした。この申請書副本を提出するのも、登記済証を作成するためでした。

★改正後は

改正後は、原則として登記済証を交付する制度は廃止になりましたので、申請書副本での登記申請はなくなりました。また、原因証書での登記申請も廃止になりましたので、登記原因証明情報を提供する必要があります。

改正前では、原因証書や申請書副本は、登記の申請が終了したときに、それが登記済証となって申請人に返還されました。しかし、改正後の登記原因証明情報は、登記申請のときに提供され、登記記録の附属書類として登記所にそのまま保管されます。

つまり、改正前の原因証書や申請書副本と改正後の登記原因証明情報は、その機能が異なっているということです。

ただ、オンライン指定庁以外の登記所では、引き続き登記済証を添付して登記の申請をしなければなりませんので、新たに登記済証を発行するときに何を素材にするのか、現在検討中です。

★登記原因証明情報の閲覧制度

登記申請時に提供された登記原因証明情報は、登記記録の附属書類として登記所に保管されます。

この登記原因証明情報は、利害関係がある者に限り閲覧ができます。利害関係の疎明がどの程度必要かは定かではありませんが、登記名義人の代理人として委任を受ければ閲覧が可能となります。

不動産について取引関係に入ろうとする者も、登記名義人から委任を受ければ閲覧ができます。

ただ、この閲覧は、オンラインによる閲覧はできませんので、窓口での申請に対して、書面を交付する方法で行われます。

★登記原因証明情報の書式サンプル

登記原因証明情報の書式等については、現在検討中ですが、検討されている書式サンプルの主な書式を示すと、図表27から30のとおりです。

正式な書式として公表されるものは、これらの書式サンプルとは若干変わったものになると思われます。

【図表27　登記原因証明情報（報告方式）売買による所有権移転の場合　イメージ図】

売買による所有権移転登記原因証明情報

Ⅰ　売買契約の合意事項

1（売買の合意）
売主甲野一郎は、平成17年10月16日その所有する不動産（後記不動産目録物件）を買主乙山一男に売り渡し、買主はこれを金4350万円にて買い受けることを約した。
2（手付金の支払）
買主は、同日手付金として金400万円を支払い、残金を平成17年10月29日までに、所有権移転登記申請に必要な書類と引き換えに支払うことを約した。
3（所有権等の移転時期）
売主の目的不動産の所有権及び占有権は、売買代金を支払ったときに買主に移転することを約した。
4（負担の除去）
売主は、完全な所有権の行使を阻害する第三者の権利または第三者による占有が存するときは、これを抹消し、除去し、または退去させた上で、前号による所有権移転、占有移転を行う旨約した。
5（地積の確定及び境界の明示）
本件取引は登記面積によることとし、後日の実測により面積に増減が生じたときは、その増減部分につき、単価に過不足する地積を乗じて算出した差額を精算すること及び平成17年10月29日までに売主は買主に対し境界を明示することを約した。

Ⅱ　売買代金支払時における確認事項
1（売買代金の支払）
平成17年10月29日、買主は、売買代金から支払済みの手付金400万円を控除した3950万円を売主が指定した口座に送金する方法で支払い、売主は送金を確認した上で領収書を買主に交付、売買代金金額の支払いが完了した。
2（所有権等の移転）
売主は前項の代金支払を受け、本件不動産の所有権並びに占有権を買主に移転した。
3（負担の除去）
売主は本件土地につき、完全な所有権の行使を疎外する権利の登記がなく、また第三者による占有もない状態で買主に引き渡した。なお、順位1番で設定済みの東西銀行の抵当権は、東太郎司法書士に委任して、買主への所有権移転登記申請に先立って抹消登記を行うこととした。
4（地積の確定及び境界の明示）
売主及び買主は、平成14年9月12日丙村次郎土地家屋調査士作成になる地積測量図を持って地積を確定することを合意、今後、測量の結果地積の増減があっても相互に清算義務を負わないことを確認した。売主は本日までに本件土地と隣地との境界を買主に明示、買主はこれを了解した。

Ⅲ　不動産の表示

○○市○○町一丁目31番11　　　宅地　　　330.00㎡
（不動産特定番号32454788○○）
同所31番地3　　木造瓦葺2階建居宅　1階　126.12㎡
2階　110.37㎡
（不動産特定番号32454789○○）

平成17年10月29日

○○法務局○○出張所御中

売主　　○○市○○町三丁目16番地1
（登記義務者）　　甲　野　一　郎　［実印］
買主　　○○市○○町3042番地6
（登記権利者）　　乙　野　一　男　［印］

司法書士法第3条第1項第2号により不動産登記法第○○条第○○号所定の登記原因証明情報である本書を作成し、司法書士法施行規則第28条の規定により以下に記名押印する。
東京都新宿区○○町二丁目15番6号　司法書士　東　太郎　［職印］
（登録番号　東京第1234号）

（出所：日本司法書士会連合会資料より）

【図表28　登記原因証明情報（援用方式）売買による所有権移転の場合　イメージ図】

売買による所有権移転登記原因証明情報

登記義務者は、乙山一男との間で締結した平成17年10月16日付「不動産売買契約証書」（原契約書）に基づく所有権移転登記を申請するにあたり、以下のとおり登記原因を確認の上、登記原因証明情報として提出する。

1　（売買の合意）［原契約書第1条］
　売主甲野太郎は、平成17年10月16日、その所有する不動産（後記不動産目録記載物件）を買主乙山一男に売り渡し、買主はこれを買い受ける旨の契約を締結した。

2　（所有権等の移転時期）［原契約書第3条］
　上記契約において、売主の目的不動産の所有権及び占有権は、売買代金全額を支払ったときに買主に移転することを約した。

3　（売買代金の支払）
　平成17年10月29日、買主は、売買代金全額を売主が指定した口座に送金する方法で支払い、売主は送金を確認した上で領収書を買主に交付し、売買代金全額の支払が完了した。

4　（所有権等の移転）
　売主は、前項の代金支払を受け、本件不動産の所有権及び占有権を買主に移転した。

不動産の表示
　○○市○○町一丁目31番11　　宅地　　330.00㎡
　（不動産特定番号32454788**）
　同所31番地3　木造瓦葺2階建居宅1階　126.12㎡
　2階　110.37㎡
　（不動産特定番号32454788**）

平成17年10月29日

　○○法務局○○○出張所御中

　売主　　○○県○○市○○町三丁目16番地1
　（登記義務者）　甲　野　一　郎 実印

　司法書士法第3条第1項第2号により不動産登記法第○○条第○○号所定の登記原因証明情報である本書を作成し、司法書士法施行規則第28条の規定により以下に記名押印する。
　東京都新宿区○○町二丁目15番6号　司法書士　東　太郎 職印
　（登録番号　東京第1234号）

（出所：日本司法書士会連合会資料より）

【図表29　登記原因証明情報　金銭消費貸借による抵当権設定の場合　イメージ図】

ローン用

抵当権設定契約証書

平成17年10月29日

○○府○○市○○区○○町二丁目2番1号
株式会社東西銀行
（取扱店　南支店）

債務者兼抵当権設定者	住所	○○市○○町2番3号
	氏名	丙　村　三　郎
抵当権設定者	住所	○○市○○町2番49号
	氏名	丙　村　花　子
抵当権設定者	住所	
	氏名	

第1条　抵当権設定者は、債務者が貴行との間に締結した平成17年10月29日付ローン契約（金融消費貸借契約）に基づき、貴行に対して負債する下記表示の債務の担保として、その所有する下記記載の物件の上に第１順位の抵当権を設定しました。

1. 債務元本金額　金3,000万円	内訳	毎月返済の部分	金125,000　円	利　息	年2.250%
		半年ごと増額返済の部分	金　円	遅延損害金	年14%（　）
（当初債務元本金額）（金3,000万円）		一括返済の部分	金　円	最終期限	平成　年　月　日

2. 債務元本分割借入法		
第1回分割借入	(1)	平成　年　月　日　金　円
第2回分割借入	(2)	平成　年　月　日　金　円
第3回分割借入	(3)	平成　年　月　日　金　円

第2条　抵当権設定者は、前条の抵当権設定登記手続ををすみやかに完了し、その登記簿謄本を貴行に提出します。
①　抵当権設定者は、抵当物件の上に貴行の抵当権に影響を及ぼす権利が存在していないことを確約します。
第3条　抵当権設定者は、抵当物件につき、貴行の書面による承諾がなければ、次に掲げる行為はいたしません。
1．他に譲渡し、又は物件、債権上の負担が生じる行為。
2．現状を変更する行為。
第4条　抵当物件について譲渡、土地明渡し、収用その他の原因により譲渡代金・立退料・補償金・清算金などの債権が生じたときは、抵当権設定者はその債権に質権を設定しますから、貴行がこれらの金銭を受領したときは債務の弁済期前でも法定の順序にかかわらず、貴行はその弁償に充当することができます。
第5条　抵当権設定者は、貴行から請求あり次第直ちに抵当物件に係る損害保険契約に基づく権利のうえに貴行のために質権を設定します。
①　前項の保険契約に基づく保険金を貴行で受領したときは、債権の弁済期前でも法定の順序に拘らず、貴行はその弁償に充当することができます。
第6条　貴行が抵当権の実行をする際、抵当物件につき公簿上と実際とが構造、面積等に相違があっても、何等意義を申立てません。
第7条　貴行は必要と認めたとき、いつでも抵当物件を調査することができます。
第8条　抵当権設定登記に要する費用その他、この契約に基づく権利の行使、保全等に要する費用は抵当権設定者がすべて負担します。
第9条　第1条記載のローン契約（金銭消費貸借契約）に設定する契約条項は、すべてこの契約に適用もしくは、準用するものとしても意義ありません。
第10条　この契約に関し、訴訟の必要が生じた場合は、貴行本店またはこの取引の属する支店の所在地を管轄する裁判所を管轄裁判所とすることに合意します。
第11条　抵当権設定者は、貴行の都合により第1条記載の債務についても他の担保もしくは、保証を変更解除されても意義なく、この場合担保の滅失、または減少を来たすことがあっても、504条の利益を主張いたしません。
②　抵当権設定者が第1条記載の債務を履行したとき代位によって貴行から取得した権利は、債務者と貴行との間に、この契約による残債務がある場合、または他の債務がある場合には、貴行の同意がなければこれを行使しません。

〔物 件 の 表 示〕

所　在　○○市○区○町二丁目
地　番　40番3
地　目　宅地
地　積　141.79㎡

所　在　○○市○区○町二丁目
地　番　40番地4
地　目　宅地
地　積　3.70㎡

平成17年10月29日

上記は原本と相違ありません

債務者兼登記義務者　○○市○○町2番3号
丙　村　三　郎　㊞
登記義務者　○○市○○町2番3号
丙　村　花　子　㊞

司法書士法第３条第１項第２号により不動産登記法第○○条第○○号所定の登記原因証明情報である本書を作成し、司法書士法施行規則第28条の規定により以下に記名押印する。
東京都新宿区○○町二丁目15番６号　司法書士　東　太郎 職印
（登録番号　東京第1234号）

（出所：日本司法書士会連合会資料より）

【図表30　登記原因証明情報（報告方式）弁済による抵当権抹消の場合　イメージ図】

抵当権抹消登記原因証明情報

本日、下記不動産に設定された下記抵当権の被担保債権全額を、債務者が債権者に弁済し、債権者はこれを受領したので、下記抵当権は消滅した。

不動産の表示

○○市○○町一丁目31番12　宅地330㎡

（不動産特定番号32454789○○）

抵当権の表示

平成17年９月26日○○地方裁判所○○支局受付第11639号

平成○年○月○日

債権者兼抵当権者　東京都○○区○町５丁目５番５号

（登記義務者）　株式会社ＡＢ銀行

代表取締役　○　○　○　○　印

債務者兼抵当設定者　東京都○○区１丁目１番１号

（登記権利者）　乙　田　花　子　印

司法書士法第３条第１項第２号により不動産登記法第○○条第○○号所定の登記原因証明情報である本書を作成し、司法書士法施行規則第28条の規定により以下に記名押印する。

東京都新宿区○○町二丁目15番６号　司法書士　東　太郎　職印

（登録番号　東京第1234号）

（出所：日本司法書士会連合会資料より）

Q23 登記事項証明書等のオンラインによる送付請求ってどういうこと

A　登記事項証明書や登記簿・地図等の写し（謄抄本）など（以下、登記事項証明書等といいます）の交付請求をオンラインですることです。

★登記事項証明書等の交付請求

登記事項証明書等の交付請求については、改正前までは①請求書（申請書）を登記所窓口に提出する方法と、②請求書（申請書）と返信用の切手を貼付した封筒・手数料分の登記印紙とともに郵送する方法とが認められていましたが、今回の改正により、オンラインにより請求する方法も認められることとなりました。

登記事項証明書等の交付や登記簿・地図等の閲覧の請求は、誰でもすることができます。

なお、登記原因証明情報などの登記簿の附属書類の閲覧の請求は、利害関係を有する者に限りすることができます（Q24参照）。

【図表31　登記事項証明書等の交付請求】

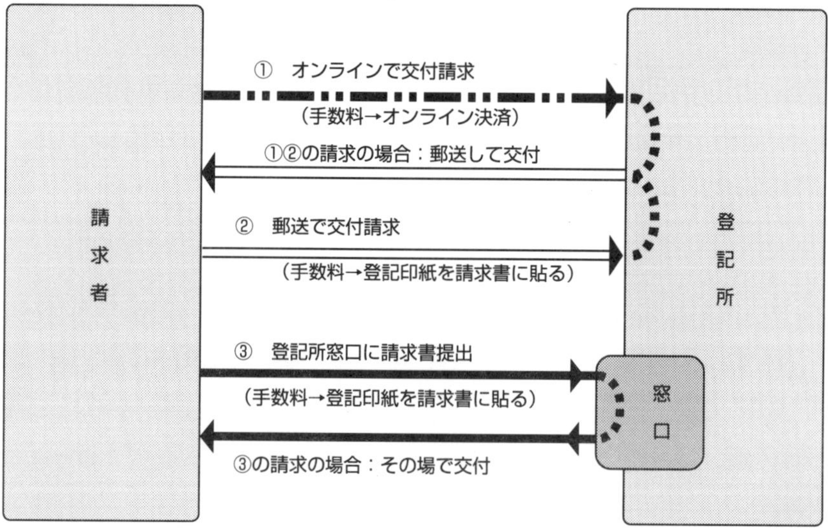

★登記事項証明書等の交付

上記のように登記事項証明書等の交付「請求」は、オンラインですることができますが、証明書の交付を受けること（取得）は、オンラインですることができない点に注意してください。

この場合は、登記事項証明書等を郵便で送付してもらうことになります(従来の郵送による交付請求の場合と同様です)。

なお、オンラインで請求する場合の手数料については、オンライン決済のマルチペイメントネットワークシステム（※）を利用して納付することができるようになるようです（図表32)。

※インターネット等を利用して、金融機関などに公共料金の支払いができる環境を構築するもので、税金・保険料・施設利用料などの支払いに利用が可能になり、事務の効率化に大きな効果があります。

【図表32　マルチペイメントネットワークシステム】

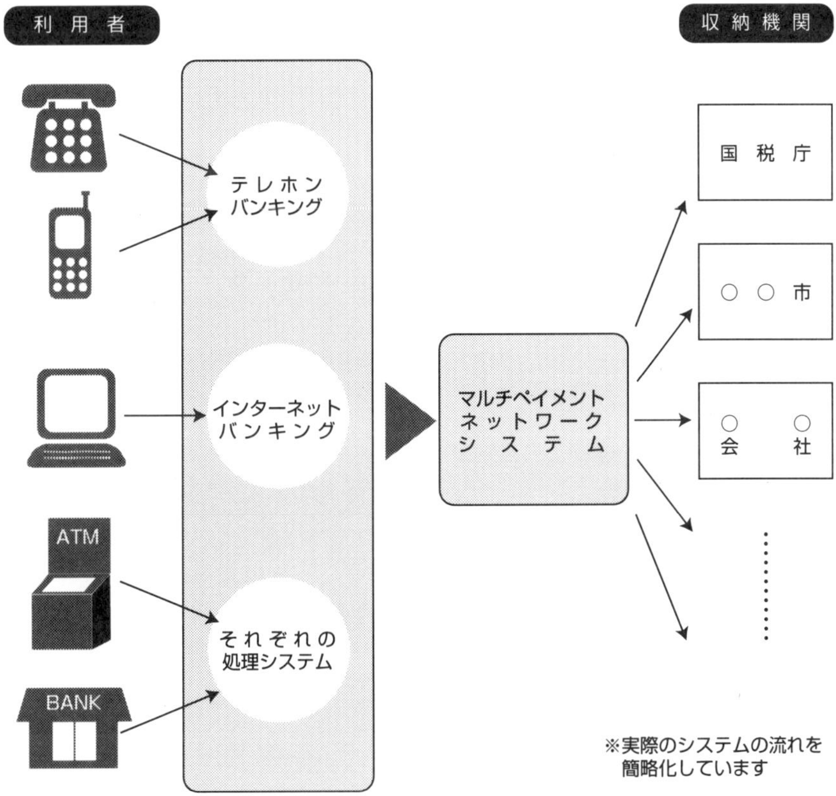

Q24 登記原因証明情報の開示・請求ってどうやるの

A 利害関係を有する者に限り、手数料を納付して、登記官に対し登記原因証明情報の閲覧を請求することができます。

★登記原因証明情報の閲覧

登記原因証明情報として提供された情報は、登記簿の附属書類（オンラインで提供された電磁的記録の登記原因情報を含みます。以下同じです）として登記所に保管されます。

そして、登記原因証明情報などの登記簿の附属書類には、申請人などのプライベートな内容を含むものもあるため、個人情報保護の観点から、請求人が利害関係を有する部分に限り閲覧することが認められます（この点については改正前の制度と同じです）。

そうすると、登記名義人は利害関係を有する者として登記原因証明情報の閲覧をすることができますが、その不動産についてこれから取引関係に入ろうとする者（その不動産の購入を検討している者など）は、事前に登記原因証明情報の閲覧をすることができるのでしょうか？

このような者でも、登記名義人から委任を受ける（その委任状を登記官に提出する）ことにより、登記名義人の代理人として登記原因証明情報の閲覧をすることができます。

★登記所の窓口で申請をして閲覧する

登記原因証明情報は、オンラインによって閲覧することができません。登記所の窓口で申請をして閲覧することになります（改正法121条2項参照）。

登記原因証明情報が電磁的記録（オンラインで提供されたもの）であるときは、その内容を一定の様式（法務省令で定められます）で表示した書面の交付を受けることになります（図表33）。

（登記事項証明書や登記簿・地図・建物所在図などの写し（謄抄本）の請求の場合は、Q23参照）

【図表33　登記簿の閲覧等】

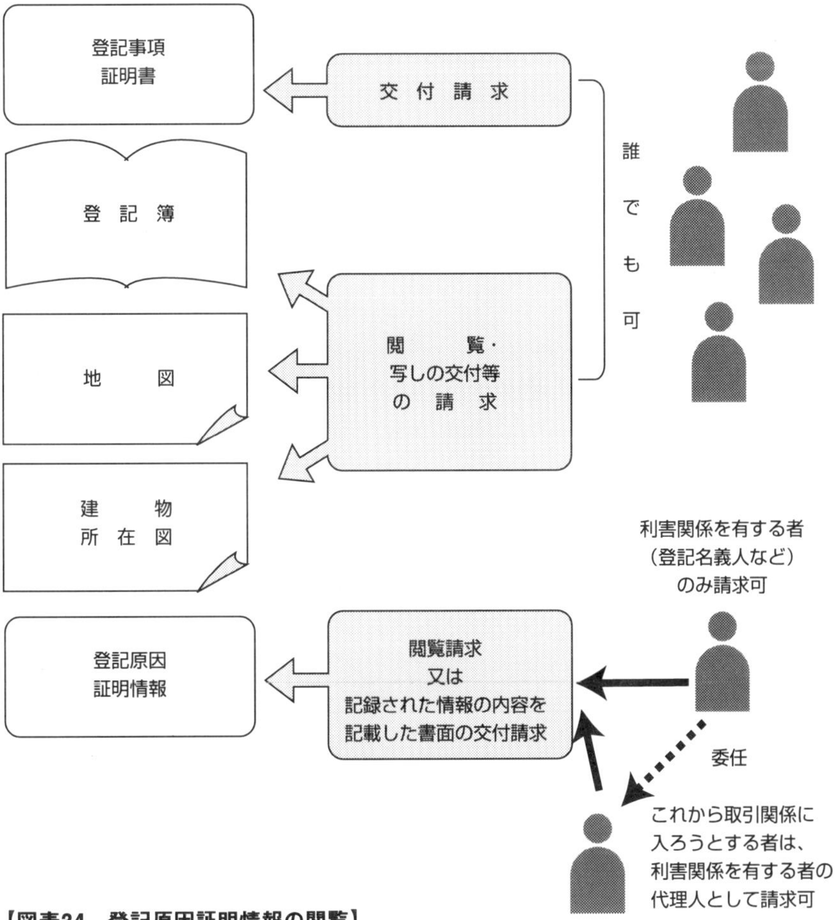

【図表34　登記原因証明情報の閲覧】

Q25 登記完了通知制度ってどういう制度のこと

A オンライン登記申請制度の導入後においても、登記の完了の事実を証明する機能を有する登記完了通知制度が設けられました。「登記完了証」という証明書になる予定です。

★改正前は

改正前の登記済証の機能は、次回の登記申請に際して登記義務者として登記申請意思の確認のために利用されていただけでなく、今回の申請人に対しては、登記が終了したことを知らせる機能ももっていました。

登記義務者に対しては、申請書に添付した登記済証を返還し、登記権利者に対しては、申請書に添付した登記原因証書又は申請書副本を登記済証として交付していました。

このように、いずれの申請人においても、申請した登記が完了したことがわかるしくみになっていました。

★改正後は

登記原因証明情報は、登記の申請をしたときには登記所に提出して返還されません。登記所にそのまま保管されます。そこで、オンライン登記申請制度の導入後も、申請した登記が完了したことがわかるような制度を設けることが相当という考えのもとに登記完了通知制度が設けられました。

登記完了通知の具体的な方法は、次によります。

(1) 書面申請の場合

書面で登記完了通知がされます。登記官が職印を押して、証明書として使える登記完了証という書面が発行される予定です。

(2) オンライン申請の場合

法務省オンライン申請システムを経由してダウンロードする方法によります。

なお、登記識別情報の通知をする場合には、登記が完了したことの通知を兼ねることがあり得るということです。また、登記識別情報の不発行を希望した名義人にも通知がされます。詳細は、政令等で定められる予定です。

Q26 同時申請のみなし制度ってどういう制度のこと

A　同一の不動産について数個の登記申請がなされた場合に、その（登記所への提供の）前後が明らかでないときは、それらの申請は同時にされたものとみなされるということです。

★異なる不動産につき数個の登記申請書が同時に配達された場合

郵送によって登記申請がなされる場合を考えてみましょう。

登記所への郵便物の配達は、一般の場合と同様に、通常１日１～数回なされます。配達員はその時点で配達可能な郵便物をまとめてもってきますので、登記所への到達の先後がはっきりしません（図表35）。

例えば、「甲不動産について、所有権登記名義人ＡからＢへの所有権移転登記の申請書」と「乙不動産について所有権登記名義人ＣからＤへの所有権移転登記の申請書」のように、異なる不動産について数個の登記の申請書が同時に配達された場合には、その先後が明らかでなくても、それぞれ独立の受付番号を付して処理をすれば問題はありません（図表36）。

★同一の不動産につき数個の登記申請書が同時に配達された場合

しかし、「甲不動産について、所有権登記名義人ＡからＢへの所有権移転登記の申請書」と「甲不動産について、所有権登記名義人ＡからＣへの所有権移転登記の申請書」のように、同一の不動産について数個の登記申請書が同時に配達された場合に、それぞれ独立の受付番号を付して処理するとき、例えば「Ａ→Ｂの所有権移転登記の申請書」に先の受付番号を付し、「Ａ→Ｃの所有権移転登記の申請書」に後の受付番号を付したケースを考えてみましょう。

先の受付番号を付した登記申請については、通常どおりの調査・処理がなされ、その結果、甲土地の所有権登記名義人はＢとなります。それから後の受付番号を付した登記申請について調査をすると、現在の甲土地の所有権登記名義人であるＢであるのに、申請書には登記義務者がＡと（すなわちＡが登記名義人であることを前提とする）記載がされているのです。

【図表35　まとめて配達】

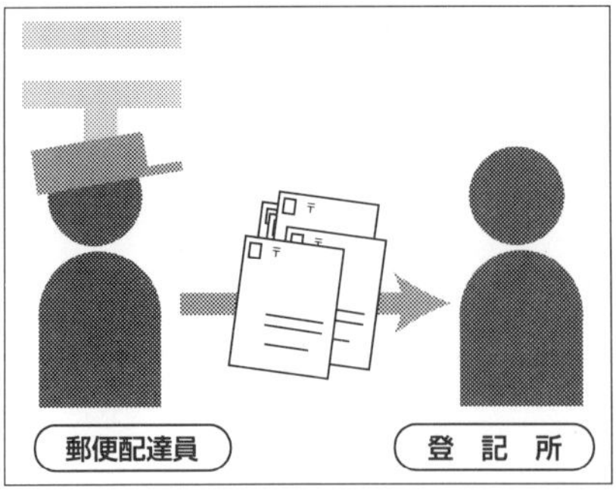

【図表36　異なる不動産の場合】

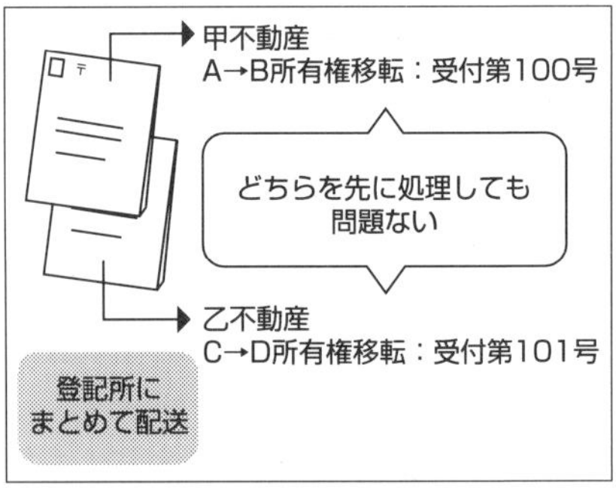

【図表37　同一不動産の場合】

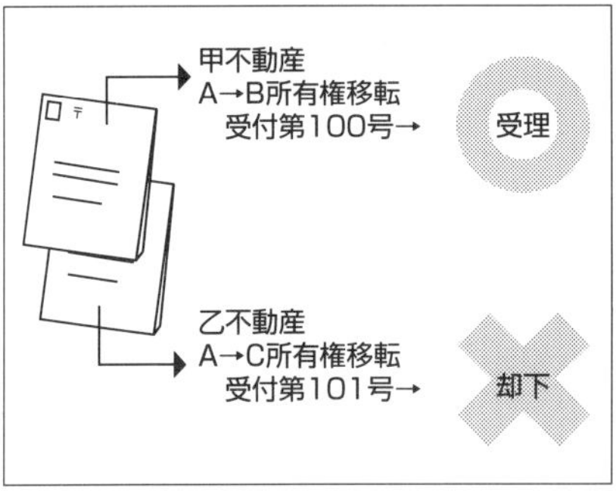

【図表38　同時申請とみなす】

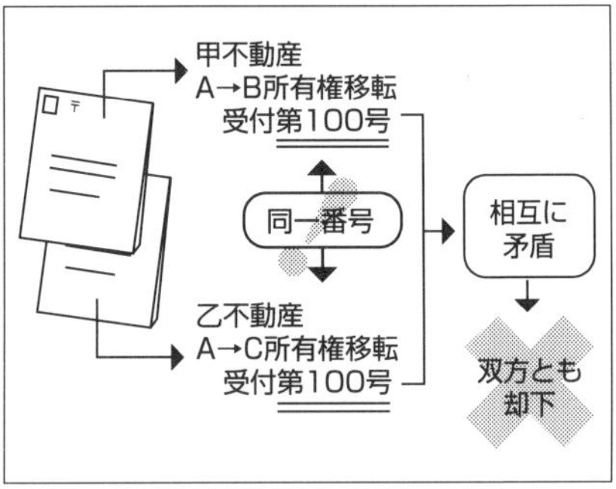

そうすると、申請書に記載された登記義務者が登記簿に記録された所有権登記名義人と異なるため、このような登記の申請は不適法なものとして却下されるという事態が生じてしまいます（図表37）。

★前後が明らかでない申請は同時とみなし同一の受付番号を付す

そこで、同一の不動産について数個の登記申請がなされた場合に、その（登記所への提供の）前後が明らかでないときは、それらの申請は同時にされたものとみなし、同一の受付番号を付するものとされたのです（改正法19条２項・３項）（図表38）。

そして、同一の受付番号を付された数個の登記申請が、上記のような相互に矛盾する申請（ＡからＢへの所有権移転登記がなされると、ＡからＣへの所有権移転登記を申請することができなくなるような内容の申請）であるときは、いずれも却下されることになるものと思われます。

Q27 登記官の過誤登記の是正手続等の整備ってどういうこと

A 登記官の過誤による登記を職権で更正する手続と登記完了後になされた審査請求に理由があると認められる場合の是正手続が改められました。

★登記上利害関係を有する者がいないときは

例えば、ＡＢが２分の１ずつ共有する甲建物について、「Ｂ持分の全部をＣに移転する登記」をすべきところ、登記官が誤って「Ａ持分とＢ持分の全部をＣに移転する登記」をしてしまいました。

その後、登記官がその誤りを発見した場合、登記上利害関係を有する者がいないときは（いるときは下記参照)、(地方）法務局の長の許可を得てその登記を正しい登記に是正します（図表39)。

なお、誤った登記を正しい登記に是正することを「登記の更正」といい、この事例のように登記官が自ら更正することを「職権更正」といいます。

【図表39　職権更正】

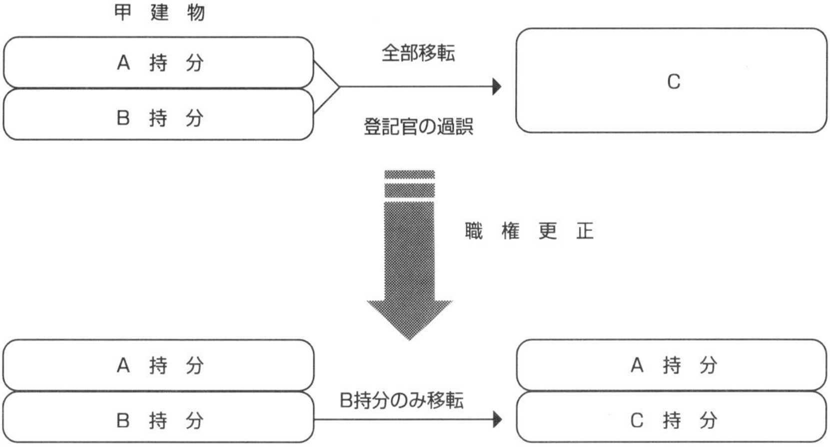

★登記上利害関係を有する者がいるときは

では、ＡＢが２分の１ずつ共有する甲建物について、①「Ｂ持分の全部を

【図表40　職権更正の改正前後の比較】

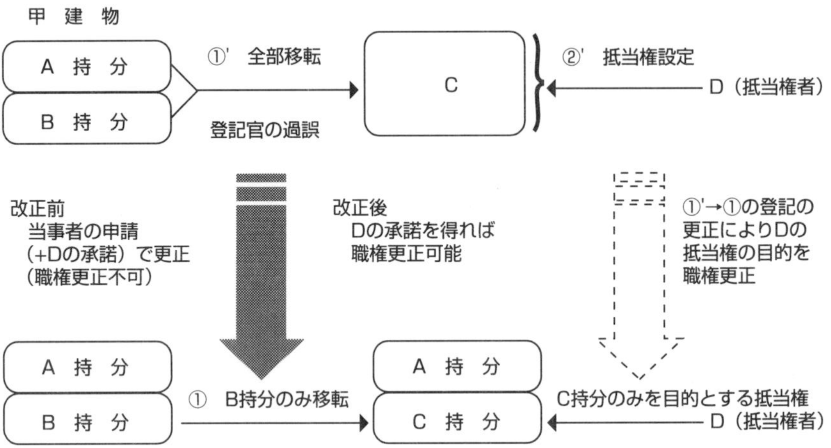

Cに移転する登記」と②「甲建物（A持分・C持分）全部を目的とする抵当権（抵当権者D）の設定登記」をすべきところ、登記官が誤って①'「A持分とB持分の全部をCに移転する登記」と②'「甲建物（登記上はCのみが所有者）全部を目的とする抵当権（抵当権者D）の設定登記」をして、その後、登記官がこの誤りを発見した場合の登記の是正方法を考えてみましょう。

この場合に①'の登記を①の内容に更正すると、②'の登記は、登記官の職権で「甲建物のうちC持分（2分の1）のみを目的とする抵当権」に更正されます。②の内容（甲建物＝A持分・C持分＝全部を目的とする抵当権）に更正されるわけではありません。

そうすると、抵当権者Dは、甲建物全体を目的とする抵当権を有していたのに、①'の登記の更正によりその抵当権が甲建物のうちC持分（2分の1）のみを目的とするものとなってしまう（抵当権の把握する範囲が縮減してしまう→不利益を被る）ので、当該登記の更正つき登記上の利害関係を有する者（以下、利害関係人といいます）となります。

改正前は、登記官の過誤による登記の更正につき（Dのような）利害関係人がいる場合における手続は、利害関係人が登記の更正をすることについて承諾をしても、登記官が自ら職権更正をすることができず、（当事者に通知をして）当事者が登記の更正を申請しなければならないという負担を負っていました（旧法63条、64条参照）。

そこで、今回の改正により、利害関係人がいる場合でも、その者の承諾があるときは職権更正をすることができることとなったのです（改正法67条2項）。

なお、利害関係人がいない場合の手続は、これまでと同じです。

★審査請求に理由があると認められる場合の是正手続

登記申請の却下などの登記官の処分に納得することができない者は、不服を申し立てることができます。これを審査請求といいます（改正法128条1項）。

この審査請求は、処分をした登記官を監督する（地方）法務局の長に対してするのですが、直接（地方）法務局長に対してするのではなく、登記官を経由してすることになります（同条2項）。

そして、登記官がその審査請求を「なるほどその通りだ」と理由があると認めた場合の手続ですが、これまでは、登記の完了前であるか完了後であるかで取扱いが分かれていました。

登記完了前であるときは、登記官自ら相当の措置を講ずることができますが、登記完了後であるときは自ら相当の措置を講ずることができず、一定の手続をした上で監督（地方）法務局長に送付して、その指示（命令）を受けてから相当の措置を講ずることとされていました（旧法154条、155条）。

しかし、これでは（既になされた）登記でも登記官自ら職権更正をすることができることとのバランスを欠き、また行政手続の簡素化等に対する要請などがあることから、登記官が審査請求に理由があると認められるときには、自ら相当の措置を講ずることができるものとされたのです（改正法129条）。

【図表41　更正手続の改正前後の比較】

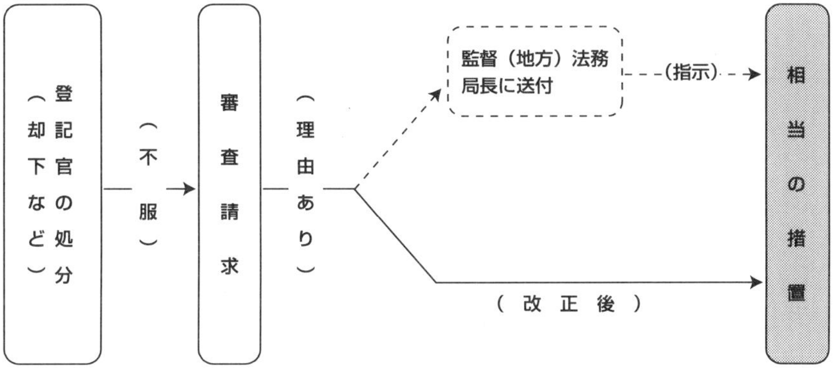

Q28 不動産登記法の現代語化ってどういうこと

A 不動産登記法は、明治時代に制定された片仮名書き・文語体の法文でしたが、これを平仮名書き・口語体の法文に全面的に改めることです。

★一般人にわかりやすい法律にする

不動産登記法は、私たち国民が広くかかわる不動産登記に関する基本的な法律なのですが、明治時代に制定された片仮名書き・文語体の法文で、一部に現代社会に適応しない用語が使用されていたり、法改正による条文の追加に伴う枝番（例えば「第60条ノ２」など）があるなど、専門家以外の一般人にとってはわかりにくいものとなっていました。

そこで、不動産登記制度へのオンライン申請の導入を契機に、不動産登記法の法文を現代語化することとされたのです。

【図表42　文語体の条文から口語体の条文に】

（例）従来の不動産登記法第12条
登録所ニ於ケル事務ハ法務局若ハ地方法務局若ハ此等ノ支局又ハ此等ノ出張所ニ勤務スル法務事務官ニシテ法務局又ハ地方法務局ノ長ノ指定シタル者カ登記官トシテ之ヲ取扱フ

↓ このように変わります
（99頁以下に法律全文を掲載）

改正後の不動産登記法第９条
登記所における事務は、登記官（登記所に勤務する法務事務官のうちから、法務局又は地方法務局の長が指定する者をいう。以下同じ。）が取り扱う。

★法律に規定する事項を見直してスッキリしたものに

また、最近の立法例を参考にして、法律として規定すべき事項と、それ以外の事項との区分けを見直し、条文の枝番も解消するなど法律全体をスッキリしたものにして、一般の国民にもわかりやすいものに改正されました。

法律として規定する事項というのは、登記申請手続の基本原則に関する事項、申請権限を有する者又は申請義務を負う者に関する事項、登記すべき事項その他の登記制度の骨格に関する事項のことです。

それ以外の事項というのは、登記技術的な事項などのことです。

Q29 登記簿・地図・建物所在図のIT化はどうなるの

A　これまで紙に記載することを前提としていた登記簿や地図、建物の所在図などについては、電子情報として電磁的記録媒体に記録して保管し、この記録を活用（ＩＴ化）することになっていきます。

★登記簿や地図・建物所在図はコンピュータ化を前提とする制度に

改正前の不動産登記法は、登記簿や地図・建物所在図などが紙である（登記事項等が紙に記載される）ことを前提としていましたが、改正後の登記簿等のIT化を踏まえ、登記簿や地図・建物所在図などが電磁的記録媒体に記録されることを前提とした制度に変わりました。

【図表43　連動化すると便利に】

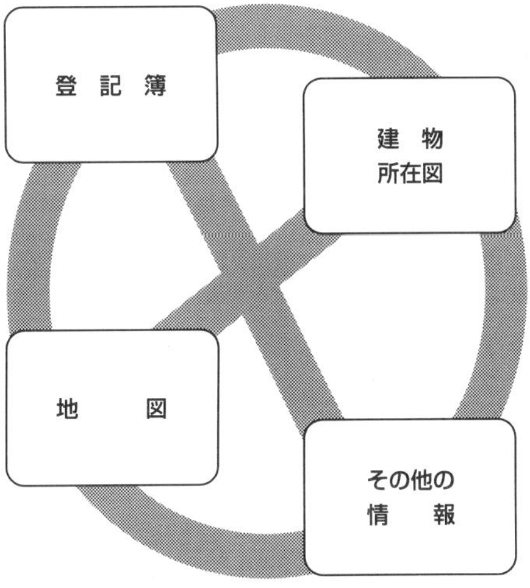

なお、従来から精度の高い地図（「17条地図」と呼ばれるものです）の整備が進められていますが、都市部などでは捗っていないのが現状です。

ＩＴ化された地図情報を登記情報システムと連動化することも考えられており、その前提となる地図の整備も精力的に進めようと考えられているようです。

★全国の登記所の半数以上で不動産登記事務をコンピュータ処理

登記簿については、既に全国の半数以上の登記所で不動産登記事務をコンピュータで処理しており、近い将来（３年後の予定）にはすべての登記所で登記事務をコンピュータで行うことになる予定です。

地図・建物所在図などについても、電子情報化を進め、コンピュータ処理に移行していきます。

また、申請情報に添付（提供）された地積測量図や建物図面などの情報も、電磁的記録媒体に記録して保管するものとして、事務処理や開示の際に上記の地図等に関する情報と連携させることが考えられています。

なお、提供された地積測量図や建物図面が電子情報でない（紙に記載されたものである）場合には、登記官が電子情報に変換して電磁的記録媒体に記録することになります。

★登記簿や地図等の電子化のメリット・デメリット

登記簿や地図等の電子化のメリット・デメリットをまとめると、図表44のとおりです。

【図表44　登記簿や地図等の電子化のメリット・デメリット】

電子化のメリット	電子化のデメリット
・オンラインによる公開が可能となります（請求するために登記所に出向いたり申請書を郵送する必要がなくなります）。登記簿については、既にインターネットを通じてその内容を確認（閲覧）することができるサービスが実施されています（地図等についてのサービスは未定です）。 （注）インターネットにより提供される登記情報は、登記事項証明書のように、登記の内容を証明するものではありません（登記官の証明認証文は付きません）。 ・紙のように物理的に破損・滅失するおそれがありません。 ・地図等に記載された事項の証明書を利用者に交付する場合に、要望に応じて、地図の縮尺を変更することなどが可能になると考えられます。 ・分筆や合筆における地図等への記入につき誤差が少なく、精度が高くなります。 ・電子情報なので関連情報と連携させることができます。 →物件検索・事務処理の効率化など。	・電子情報なので、システムがダウンしたりウィルス等の影響で記録されていた情報が消滅したり異常なものになってしまうおそれがあります。 →バックアップ体制を整える等のリスク管理が必要。 ・登記記録などの電子情報は紙に記載されたものではありませんので、内容を自分の目で直接に見る（閲覧する）ことはできません。 →登記記録などの概要を記載した書面の交付を受けて閲覧に代えることになります（現在、登記簿については「登記事項要約書」の交付という形で実施されています）。

Q30 オンラインによる表示登記申請の添付情報の提供ってどういうこと

A 表示に関する登記をオンラインで申請する場合に、添付情報（申請情報に添付すべき情報）の内容となるべき情報が書面で作成されているときは、申請人又はその代理人が原本である書面の内容と相違ない旨を明らかにした「原本の写しに相当する情報」を添付情報として提供することができます。

★表示（に関する）登記とは

不動産登記簿の表題部に表示する土地・建物の所在、地番、地目、地積、家屋番号、構造、床面積など不動産の現況を明らかにするための登記のことです。

全部事項証明書（建物）でみると，図表45の部分です。

【図表45　不動産登記簿の全部事項証明書（建物）】

【表 題 部】（主たる建物の表示）			調製 余 白	所在図番号 余 白
【所　在】	○市○町○○番地△△		余 白	
【家屋番号】	○○番地△△		余 白	
【①種　類】	【②構　造】	【③床面積】	【原因及びその日付】	【登記の日付】
居　宅	木造 スレート葺２階建	１階　41．52㎡ ２階　41．52㎡	平成○年○月○日新築	平成○年○月×日
【所 有 者】	○市○市○町○○番地△△　A			

★書面によって作成された添付情報の提供方法は

オンライン申請をする場合、添付情報が書面で作成されているときは、その書面そのものをオンラインで送信することは不可能です。この場合は、その書面の内容をオンラインで送信可能な形式に電子化して送信することになりますが、その送信されるものは書面そのものではなく、「原本（もとの書面）の写しに相当する情報」ということになります。

この「原本の写しに相当する情報」については、原則的には、原本の作成者自身が原本の写しに相当する情報の内容を確認して、電子署名及び電子証明書を付けたものであれば、オンライン申請の添付情報として、原本である書面そのものが提出された場合と同程度の証明力を認めることが可能であると考えられます。

★原本の写しに相当する情報添付の要件緩和

しかし、不動産の表示登記においては、添付情報にあたる書面が多くの異なる人によって作成されていることがよくあります（建築確認→建築主事等、建築請負人の証明書→建築請負人、固定資産税の納付証明書→市区町村長や都税事務所長…など）。

これに前記の原則論をあてはめると、相当な量の書面を電子化して、原本の写しに相当する情報を作成し、かつ、原本の作成者の電子署名及び電子証明書を付さなければならなくなりますので、申請人にとって大変な負担となってしまいます（図表46参照）。

そこで、表示登記の申請をオンラインで行う際の添付情報については、要件が緩和されました。

すなわち、申請人又はその代理人が原本である書面の内容と相違ない旨を明らかにした「原本の写しに相当する情報」を提供するときは、それが添付情報として認められ、原本の作成者の電子署名や電子証明書までは要求されないこととなったのです（図表47参照）。

なお、この場合には、登記官は原本の提示を求め、写しの正確性及び原本の内容を確認することになります。

【図表46　申請人に大変な負担】

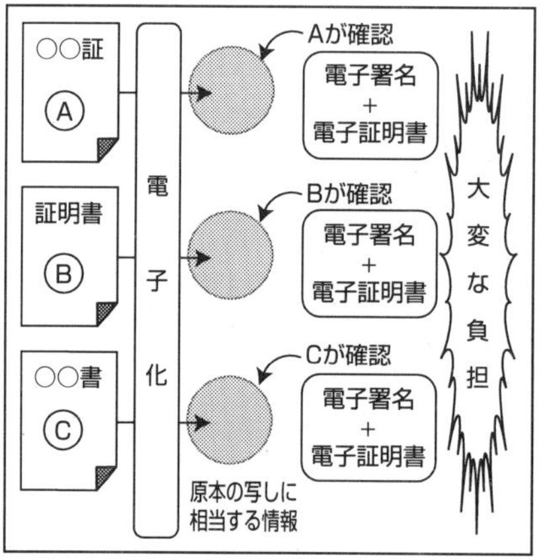

【図表47　添付情報の要件緩和】

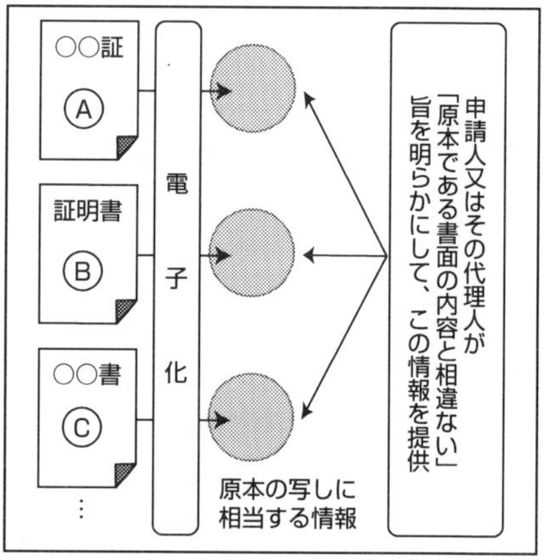

Q31 不動産特定番号ってどういうもの

A 不動産特定番号とは、登記の申請や登記事項証明書などの請求、登記事務処理の際に不動産を特定するために用いられる番号のことです。

★改正後は

すべての不動産（土地・建物）に固有の番号（不動産特定番号）を付けて、それを登記事項として活用するという考えがとられました。

不動産特定番号（図表48）を用いる利点としては、次のようなものが考えられます。

(1) 登記の申請書・申請情報に記載・記録しなければならないとされている事項の一部を省略することができるようになります。

(2) 登記事項証明書等の請求をする場合も、具体的な所在・地番などを記載しなくてもよくなります。

(3) 登記事務処理をする際のコンピュータによる物件検索の効率化が図られます。

このように、不動産特定番号を利用することにより申請人の負担が軽減されることが考えられます。

もっとも、申請書・申請情報に間違えて番号を記載・記録してしまった場合のリスクは申請人が負わなくてはなりませんので、不動産特定番号を記載・記録するときは、十分な注意が必要です。

【図表48 不動産特定番号 イメージ図】

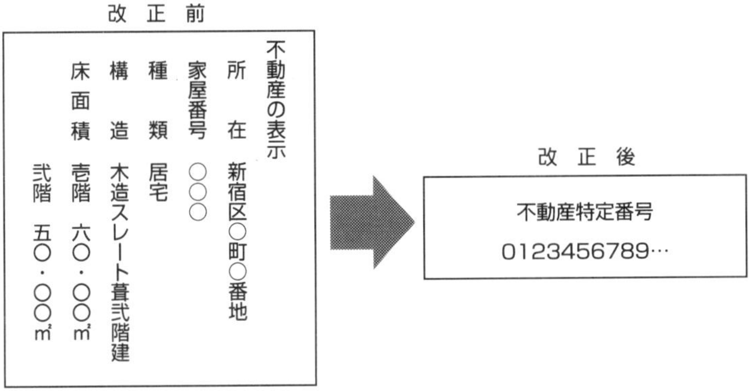

改正前
不動産の表示
所在 新宿区〇町〇番地
家屋番号 〇〇〇
種類 居宅
構造 木造スレート葺弐階建
床面積 壱階 六〇・〇〇㎡
弐階 五〇・〇〇㎡
改正後
不動産特定番号
0123456789…

Q32 予告登記制度の廃止ってなぜ

A　予告登記が不動産取引や執行などの妨害手段として濫用されており、また別の方法によっても予告登記と同様の機能を果たすことができるとの考えから、予告登記の制度が廃止されました。

★予告登記とは

例えば、Aが自己所有の甲不動産をBに売却しその旨の登記（売買を登記原因とするAからBへの所有権移転登記）がなされましたが、その後、AがBに対して「その売買は無効だったので、Bへの所有権移転登記を抹消してくれ」という内容の訴えを提起したとします。

この場合に、Aの主張が裁判所に認められてAが勝訴すると、Aはその判決に基づいてBへの所有権移転登記を抹消することができます。

この裁判がなされている最中（Aの勝訴判決が出る前）でも、甲不動産に関して取引（売買など）をしようとする人（ここではCとします）が現れる可能性がありますが、Cは甲不動産についてこのような争い（裁判）が起こっていることを必ずしも知っているとは限りません。

そうすると、このような場合にCがBから甲不動産を購入するなどの取引をすると、その後にAの勝訴判決に基づいてBへの所有権移転登記が抹消され、自分への所有権移転登記を受けることができなくなるなどの損害を被ってしまう危険性があります（図表49）。

そこで、このような場合には、Cが不測の損害を被ることを回避することができるようにする趣旨から、「この不動産については登記の抹消等の訴えが提起されている」旨の警告的な内容の登記がなされていました（旧法3条）。

この警告的な内容の登記が「予告登記」です（図表50、52）。

甲不動産につき新たに取引に入ろうとしていたCは、このような（売買が無効であるとしてAがBへの所有権移転登記の抹消を求める訴えを提起しているという）事情を知らなかったときでも、予告登記をみることによって甲不動産が今トラブルを抱えていることを認識して取引に関するリスクを考慮することができるのです（図表50）。

【図表49　Cは不測の損害】

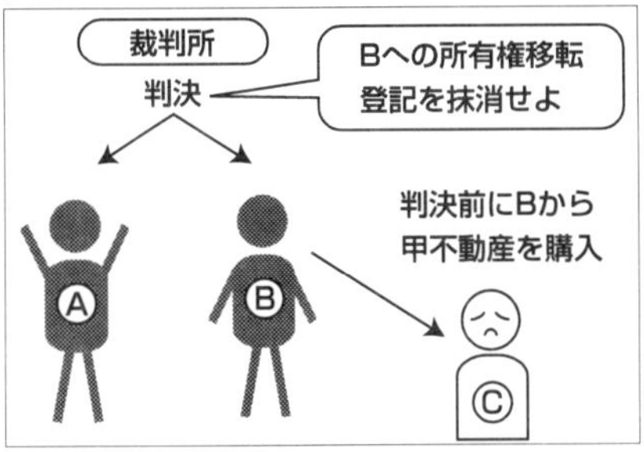
裁判所
判決
Bへの所有権移転
登記を抹消せよ
判決前にBから
甲不動産を購入
Ⓐ
Ⓑ
Ⓒ

【図表50　予告登記で警告】

あっ、
予告登記!!
Ⓒ
予告登記
う〜ん…
この不動産は
危ないのかな…

【図表51　仮処分命令】

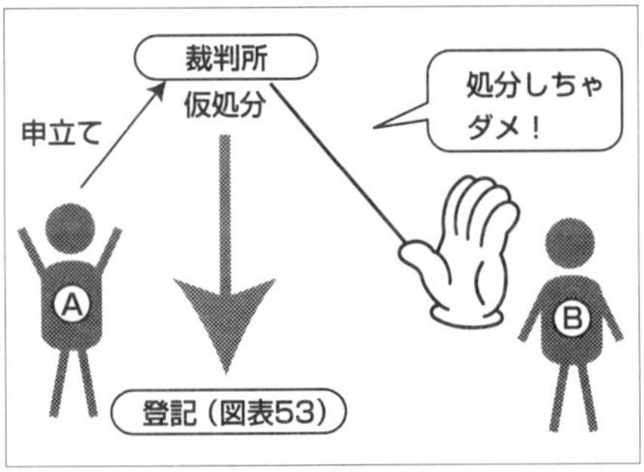
裁判所
仮処分
申立て
処分しちゃ
ダメ！
Ⓐ
Ⓑ
登記（図表53）

★予告登記の悪用って？

ただ、このような予告登記の警告的な機能を悪用して、不動産の取引や執行などの妨害がなされたりもしていました。

例えば、ある不動産につき売買を登記原因としてＸからＹへの所有権移転登記がなされた後に、その所有権移転登記の抹消の予告登記がなされているとします。Ｙはその不動産の真の所有者（ＸＹ間の売買は有効）なのですが、ＸがＹを困らせる目的で「売買は無効なのでＹへの所有権移転登記を抹消せよ」という訴えを提起しました。

その後、ＹがＺに「その不動産を買わないか」と持ち掛けたときに、Ｚが予告登記をみると、たとえＹが真の所有者であったとしても、「Ｙは本当にこの不動産の所有者なのか？」などと不安に思い不動産の購入を控えてしまいます。これでは正常な不動産の取引をすることができません。

★他の方法って？

例えば、前記のＡがＢへの所有権移転登記の抹消を求める訴え提起に加え、

【図表52　予告登記の記載例】

順位番号	登記の目的	受付年月日・受付番号	原　　因	権利者その他の事項
1	所有権移転	平成○○年○月○日 第○○○○号	平成○年○月○日売買	所有者　○市○町○○番地 A 順位3番の登記を移記
2	所有権移転	平成××年×月×日 第××××号	平成×年×月×日売買	所有者　×市×町××番地 B
3	2番所有権抹消予告登記	平成△△年△月△日 第△△△△号	平成△年△月△日 ○○地方裁判所へ訴え提起	余　白

【図表53　仮処分登記の記載例】

順位番号	登記の目的	受付年月日・受付番号	原　　因	権利者その他の事項
1	所有権移転	平成○○年○月○日 第○○○○号	平成○年○月○日売買	所有者　○市○町○○番地 A 順位3番の登記を移記
2	所有権移転	平成××年×月×日 第××××号	平成×年×月×日売買	所有者　×市×町××番地 B
3	処分禁止仮処分	平成△△年△月△日 第△△△△号	平成△年△月△日 ○○地方裁判所仮処分命令	債権者　△市△町△△番地 A

Bに対し「その不動産を処分してはならない」という命令を裁判所に出してもらうことがあります。これを「仮処分命令」といいます（図表51）。

不動産について仮処分命令が出されると、その旨の登記（仮処分の登記）がなされます（図表53）。そうすると、仮処分の登記が存在することにより、その不動産について裁判等の争いが起こっていることがわかりますので、結果として第三者に対する警告ともなるのです。

そして，予告登記（図表52）がなされる場合でも、仮処分命令を得る（つまり，予告登記と仮処分双方の登記がなされる）のが通常で、仮処分の登記なしに予告登記だけがなされている場合は、予告登記の警告的機能を濫用する目的で訴えが提起されている可能性が高いと考えられるのです。

★というわけで廃止

この際、警告的な効力しか有しない予告登記の制度そのものを廃止してしまおうということになったのです。

Q33 オンライン指定庁ってどこの登記所のこと

A 全国683登記所（平成16年４月１日現在）のうち不動産登記事務をコンピュータで処理している登記所は、430庁（平成16年６月７日現在、Q37のコンピュータ庁参照）ですが、まだ、すべての登記所で登記事務をコンピュータで処理しているわけではありません。

★オンライン申請の指定庁とは

下記に掲げる制度の実施については、法務大臣が指定した登記所から行われることになっています。これをオンライン申請の指定庁、本書ではオンライン指定庁と略称しています。

したがって、不動産登記事務をコンピュータ処理している登記所だからといって、オンライン申請ができるわけではありません。

(1)　コンピュータを使用する方法による申請制度
　（いわゆる「オンライン申請」Q３参照）

(2)　登記識別情報の通知及び提供に関する制度（Q14、15参照）

(3)　電磁的記録で作成された添付情報の申請書への添付制度（Q７参照）

(4)　オンライン申請による登記事項証明書等の送付請求制度（Q23参照）

平成17年中には、法務大臣によって順次登記所が指定され、オンライン申請が開始となります。遅くとも６年後を目途に、すべての登記所において、オンライン申請が指定実施される予定です。

★オンライン指定庁でも書面申請はできる

オンライン申請の指定を受けた登記所でも、現在の登記済証を申請書に添付して提出する方法による申請（いわゆる書面申請）を行うことができます（Q４参照）。

これは、オンライン申請導入の趣旨が利用される方の利便性を高めるためであり、オンライン申請一本化に限定することは、多くの方々が利用する不動産登記手続において、現時点では適当でない、と考えられたからです。

Q34 オンライン申請で登記所のしくみはどうなるの

A オンライン申請での登記所のしくみ、言い換えれば、オンライン指定庁のしくみということになりますが、改正前の登記所のしくみと比較しながら、①登記受付の方法と処理、②本人確認の方法、③登記の完了と通知、④その他に分けてみることにします。

★登記受付の方法と処理

まず、登記申請手続の方法として、オンライン申請（Q３参照）の一本化ではなく、書面申請（Q４参照）も残存して認められました。

登記申請手続が複数併存しますので、今まで以上に、登記受付システムが複雑となります。

例えば，売買や抵当権設定など権利に関する登記手続では、登記原因証明情報の提供・添付（Q22参照）がなされますので、改正法施行後、オンライン指定庁に関係なく、登記官はその確認・調査が必要となります。

また、同一土地の二重売買による所有権移転登記申請が同時に２件以上郵送により登記所に到達したとき等のように、同一の不動産に関し申請受付の前後が明らかでない数個の登記申請がなされる場合があります。

この場合には、登記申請の前後が明らかでありませんので、同時申請のみなし制度の結果（Q26参照）、同順位による受付処理がなされることになりますが、登記官は、それらの矛盾するいずれの申請も却下することになります。

オンライン申請と書面申請とも、同一システムの受付によって行われます。オンライン申請は、夜中の申請も可能となりますので、その受付処理は、開庁時間の開始時となりますが、これに対し、書面申請の受付処理は、開庁時間直後の登記官の入力処理（Q10参照）により行われます。

したがって、オンライン申請のほうが、先に受付処理されることになります。仮に、前例の二重売買による所有権移転登記のような優先順位を争う権利の登記申請手続で、先に行われた売買取引でも、書面申請が翌日の開庁時間と同時に申請された場合、たとえ後で行われた売買取引でオンライン申請が、その日の夜中の開庁時間前になされていたとすれば、オンライン申請の入力処理のほうが先に受付処理されていますので、書面申請の入力処理が後ということになります。

この点から、オンライン申請のほうが、書面申請よりも有利といえます。

★本人確認の方法

(1) 電子署名と電子証明書

登記申請手続における登記所の本人確認は、オンライン申請の場合、従来の印鑑及び印鑑証明書に代えて、電子署名（Q11参照）と電子証明書（Q12参照）が採用されましたので、電子認証制度の理解と適正な運用が必要になります。

(2) 書面による事前通知制度の拡大

例えば、売買・抵当権設定ばかりではなく抵当権を抹消するときなどのように、登記識別情報を提供すべき登記申請で、登記義務者が登記識別情報を失念したり、不発行・失効の申立等をしていたときは、登記識別情報の提供ができない場合があります。

このような場合には、直ちに申請を却下すべき場合を除き、登記官は登記義務者へ、「本人限定受取郵便」で書面による事前通知（Q20参照）を行い、その通知後一定期間（2、3週間程度となる予定）、「登記申請に間違いない」旨の申し出がないときには、登記官はその申請を却下することになります。

この制度は、オンライン指定庁に関係なく、しかも従来の保証書の事前通知制度が所有権に関する登記に限定していたときよりも、さらに事前通知制度が拡大したといえます。

(3) 前住所通知制度の新採用

所有権に関する登記申請、例えば売買・抵当権設定による登記手続において、一定期間内（6ケ月程度となる予定）に、登記義務者の住所移転による変更登記があるときは、登記官は「書面による事前通知」のほか、登記義務者の「前住所にも通知」（Q20参照）を行わなければなりません。

この制度も、オンライン指定庁か未指定庁かに関係なく適用されますが、この制度によって、登記名義人の住所を勝手に変更して登記するような詐欺行為の防止が図られることになりました。

(4) 資格者代理人による本人確認情報の提供

例えば、売買や抵当権設定登記等のように、事前通知の手続を行うべき登記申請手続を司法書士や弁護士等の資格者が代理する場合、「申請名義人が当該登記の申請権限を有するものであることを確認した」旨の具体的な情報の提供を登記官が受けたときは、情報内容を審査した結果、「提供された情報の内容が適切である」と登記官が判断すれば、書面による事前通知制度の省略と同様に、「前住所通知制度」の省略もできる可能性があります。

この制度も、オンライン指定庁か未指定庁かに関係なく適用されます。

(5) 登記官の職権審査義務の明文化

申請人となるべき者以外の者が申請人と「疑うに足る相当な理由」がある場合、申請人又はその代理人に対して「出頭を求め、質問を行う」等必要な情報提供を求める方法が登記官に認められました（改正法24条）。

申請人と疑うに足る相当な理由があるときとは、例えば下記のような場合が考えられています。

① 誤った登記識別情報を提供した登記申請や有効証明請求が多数回された後に登記申請がなされた場合

② 誤った登記識別情報の提供がなされ、申請が却下される前に、正しい登記識別情報に補正された場合

③ 真実の所有者と称する者が、自らの身分を明らかにする資料を提供した上、第三者による不正な登記申請がされた旨主張し、これを裏付ける資料（被害届等）を提供した場合

④ 所有権に関する登記申請について、転送不要で発送した登記記録上の前住所への通知が登記所に返送されなかった場合

上記のような場合、申請人又はその代理人に対して「出頭を求め、質問を行う」等必要な情報提供を求める方法が登記官に認められ、申請権限有無の調査義務が明文化されました。

この制度も、オンライン指定庁か未指定庁かに関係なく適用されます。この登記官の職権審査権限が、登記官の恣意的な運用のおそれが皆無とはいえませんので、制限的な規制条項の制定が求められるところです。

★登記の完了と通知

(1) 登記手続完了

オンライン指定庁は、登記手続完了後、登記識別情報の通知（Q15参照）

及び登記完了通知（Q25参照）によって、改正前に、登記済証が果たしていた機能の代替措置を講じることになりました。

これらが採用された結果、登記官等にシステム的にも人的にも厳重な登記識別情報の安全確保（Q16参照）が要求されます。この登記識別情報の安全確保の違反者には、２年以下の懲役又は100万円以下の罰金に処せられることになりました。

(2) 登記識別情報の失効制度及び不発行制度

登記識別情報の失効制度の採用（Q16参照）、またその不発行制度の採用により、利用者の登記識別情報管理の負担軽減が図られますので、オンライン指定庁は失効・不発行制度の利用に供するしくみを構築しなければなりません。

(3) 登記識別情報の有効証明請求制度の採用

オンライン指定庁は、登記識別情報の有効証明請求制度を採用（Q17参照）しますので、これから登記申請手続に入る者の事前調査の利用に供することになります。

(4) 登記識別情報の再通知の否定

オンライン指定庁は、従来の登記済証と同様に「登記識別情報の再通知」（Q18参照）を行いません。

★その他

(1) 登記原因証明情報の閲覧制度の導入

登記原因証明情報の提供（Q22参照）は、登記原因証書及び申請書副本の廃止により、権利に関する登記申請すべてに添付が必要となりました。また、その登記原因証明情報は、登記記録の附属書類となり、利害関係人の閲覧に供されます。したがって、これから登記手続に入る者にとっては、事前調査の１つとして利用が期待されますので、その閲覧制度の確立が必要となります。

(2) 表示登記申請における原本証明情報の提供

例えば、建物を新築したときに行う建物表示登記などのように、表示に関する登記申請をオンライン申請で行う場合、添付情報の内容となるべき情報として建築確認通知書等が書面で作成されているときに、申請人・その代理人が「原本と相違ない」旨を明らかにした原本の写しに相当する情報を添付情報（Q30参照）として提供された場合、登記官は原本の提示を求め、内容の正確性を確認することが必要となりました。

もし、この表示の登記に関する考え方が、相続による移転登記の添付書面として必要な除籍謄本・改製原戸籍など権利の登記の場合にも適用されることになれば、原本証明情報として提供することができ、相続登記のオンライン申請も可能になると考えられます。

(3)　電磁的記録で作成された添付情報

申請と併せて提供すべき情報が電磁的記録で作成され、添付情報としてフロッピーディスク等に電子化して格納しているときはオンライン指定庁の書面申請では、その電磁的記録を申請書に添付することにより申請ができるようになります。

(4)　登記事項証明書等の請求

オンライン指定庁では、オンラインでの申請請求（Q23参照）は可能ですが、オンラインでの証明書の取得（交付）は、従来どおり郵便で行うことになる予定です。

(5)　不動産特定番号の採用

不動産特定番号の採用（Q31参照）により、すべての物件ごとに特定番号が付され、表題部の記載事項になります。

不動産特定番号を記載・記録した場合には、申請書又は申請情報の記載事項又は記録事項の一部の省略ができますので、申請者のみならず、登記所でも物件検索の効率化並びに入力の省力化・合理化が図られます。

この制度も、オンライン指定庁か未指定庁かに関係なく適用される予定です。

(6)　予告登記制度の廃止

改正前は、予告登記の警告的機能を濫用するという問題がありましたが、今回の予告登記制度の廃止（Q32参照）により、予告登記の濫用防止が図られました。

この制度も、オンライン指定庁か未指定庁かに関係なく適用されます。

(7)　職権更正・審査請求の手続の合理化・簡素化

登記官の過誤による登記の職権更正手続及び登記完了後にされた審査請求に相当な理由があると認められる場合、登記官による是正措置（Q27参照）が講じられることになり、登記事務の簡素化と合理化がされました。

この制度も、オンライン指定庁か未指定庁かに関係なく適用されます。

Q35 オンライン申請で司法書士の仕事のしくみはどうなるの

A　従来の司法書士の仕事のしくみと比較しながら、オンライン申請での司法書士の仕事のしくみについて、①認印と電子署名、②依頼者との関係、③登記所との関係に分けて、主なものをみてみましょう。

★認印と電子署名

司法書士が代理人として登記申請書を作成する場合、申請書の記名・押印には、認印を使用していました。オンライン申請を利用するには、申請情報（Q 6参照）に司法書士の電子署名（Q11参照）が必要となりました。

電子署名は、実印同様の重要性があるにもかかわらず、一定の手続さえすれば、パソコンの画面上で簡単に操作できます。

そこで、司法書士が電子署名の重要性を十分認識し、厳格に管理・運用して、これからの電子社会の取引安全に貢献しなければなりません。

現在、日本司法書士会連合会では、司法書士の資格を証明する電子証明書を発行するための機関として、司法書士の「資格認定」を行い、かつ政府認証基盤（GPKI）と相互認証ができる認証局を構築中です。

★依頼者との関係①資格者代理人による本人確認情報

売買登記や抵当権設定登記などの権利の登記に関し、改正前は、登記制度固有の本人確認制度として、登記済証の提出により行われてきましたが、今回の改正により、登記済証（権利証）制度は廃止（Q13参照）されました。

その代替制度として、登記識別情報の採用（Q14参照）と同時に登記名義人として重要な登記識別情報管理の負担軽減のため、その失効・不発行制度（Q16参照）が採用されました。

そこで、次の登記手続において、登記識別情報を提供すべき登記申請にもかかわらず、その提供することができない場合があります。このような場合、登記の申請代理を業とする司法書士が、「申請人が、当該申請の申請権限を有する登記名義人であることを確認した」（これを「資格者代理人による本人確認情報（Q21参照）」といいます）旨の具体的な情報を提供することにより、登記申請手続をスムーズに行うことが可能となりました。

この制度は、従来の保証制度よりも多くの利用が期待される反面、司法書士としての職務上の責任は重大です。このため、虚偽の登記名義人確認情報を提供した者は、２年以下の懲役又は50万円以下の罰金に処せられます。

もっとも、この資格者による本人確認制度を利用しなくても、登記官の「事前通知制度」を利用することによって、登記手続を行うことは勿論可能です。

★依頼者との関係②登記原因証明情報の提供制度の導入

氏名変更・住所変更や相続などの登記についても、登記原因証明情報の提供・添付（Q22参照）がすべて必要となりました。

しかし、登記原因証明情報は、本来、依頼者本人が作成すべきですが、新制度の導入なので、登記原因証明情報の作成について司法書士の説明や助言などがなくして、円滑な不動産取引が行われず、ひいてはオンライン申請の普及推進の阻害要因になりかねません。

そこで、日本司法書士会連合会では、法務省に対し、「代理申請の場合、資格者代理人に登記原因を調査したことの登記原因証明情報を添付させることをもって代えるべきある」旨の要望をしています。これが実現すると、司法書士が登記原因について調査・確認することになります。

★登記所との関係

従来、登記所に出向いて行われていた登記簿・地図の閲覧、登記申請、原本還付請求や、補正などの全部または一部は、オンライン申請による場合は、登記所に出向くことなく、行うことが可能になりました。

これは、オンライン申請の大きなメリットの１つです。もっとも、次に述べる場合には、登記所に出頭したり、郵送しなくてはなりません。

⑴　登記官による本人確認のため、出頭を求められたとき（改正法24条）。

⑵　登記事項証明書の交付のとき（Q23参照）。

⑶　登記原因証明情報の閲覧のとき（Q24参照）。

Q36 オンライン申請時代の司法書士の利用ポイントは

A　主な利用ポイントをあげてみましょう。

(1)　新制度に対応している事務所かどうかを尋ねてみることです。

(2)　案件について、どのくらいの登記費用が必要となるのかを尋ねてみることです。

(3)　登記相談する相手は、専門家である司法書士に相談することです。

(4)　ＩＴ化時代による事務所の規模・形態を知ることです。

(5)　予め、司法書士事務所の特色を見極めることです。

★新制度に対応している事務所なのか？

オンライン申請の導入を柱とした今回の改正は、不動産登記手続の全面的な改正といえます。

申請に関し出頭主義の廃止（Q 9 参照）に始まり、登記原因証書・申請書副本に代わって登記原因証明情報、保証書制度に代わって事前・前住所通知制度および本人確認情報（Q19、20参照）あるいは登記済証に代わって登記識別情報（Q13、14参照）など、数々の新制度が導入されています。

正確かつ迅速に不動産取引社会に貢献できるようになるためには、司法書士の自己研鑽は勿論のこと、いろいろな研修制度に積極的に参加し、これらの新制度趣旨を十分理解している必要があります。

新制度の制度趣旨を十分理解できていれば、無駄も少なく、必要最小限の労力で目的を達することができます。

関係のホームページを閲覧したり、司法書士に直接電話などで問い合わせることをお勧めします。

★金融機関等の方は信頼できる司法書士に依頼すること

また、金融機関や不動産関係者などの方々は、複雑かつ多様化する不動産取引社会において信頼できる専門家である司法書士と顧問契約等を締結し、継続的な信頼関係を築き、登記手続を信頼することができれば、安心して本業に専念できるようになります。

つまり、司法書士と顧問契約を締結することによるメリットとして、次の3点があげられます。

(1) 登記識別情報の提供ができないとき、「資格者代理人による本人確認情報」を利用することによって、登記官による厳格な「書面による事前通知」の回避ができることが、今回の改正により、不動産登記法に明文化されています。

(2) 権利の登記手続においては、登記原因証明情報が必要（Q22参照）となりました。登記原因証明情報の作成の仕方・どの程度の内容のものが要求されているのかなど、専門家である司法書士の関与・助言があれば、登記原因証明情報の作成がスムーズに行われるようになります。

(3) 登記原因証明情報の閲覧制度が導入されたことにより、これから登記手続に入る者は、登記名義人や利害関係人より委任状を取得して、これまでの登記手続を調査することも可能となりましたので、この制度を最大限に活用できるのも、専門家である司法書士以外にはないといえます。

★登記費用の概算を知ること

オンライン申請と書面申請のメリットとデメリットを尋ねると同時に、登記費用がどのくらい違うのか等を参考にして、今回はどちらの手続によるべきかを判断されるのがよいでしょう。

なお、司法書士の報酬は平成15年1月より報酬基準が廃止されましたので、各司法書士事務所独自の報酬体系によって、報酬を決めています。これも、電話などで予め調べることができます。

しかし、報酬の高低だけで、登記依頼の判断をするのは、極めて危険です。なぜならば、責任ある仕事をするためには、それに見合った経費と報酬が必要となるからです。

★登記相談は専門の司法書士へ相談すること

最近、登記相談を登記所にしている人達を見受けますが、これは、あまり感心できません。なぜならば、問題解決のためにはいくつかの方法論があるはずです。登記所の相談員には、時間的な制約もあり、自ずと限界があります。それは、必ずしも相談者の利益のためになる十分な説明と最良の方法論の検討がなされず、通り一遍のものになりやすいからです。

また、登記手続の代理等について従前から認められている登記相談業務に加えて、平成14年の司法書士法の改正により、簡易裁判所の範囲に限定されますが、認定された司法書士には、実体上の相談権が認められていますので、従来以上に安心して相談をしてください。

★司法書士事務所の規模・形態を知ること

司法書士事務所の員数は、従来は概ね３～５名程度でしたが、これからのＩＴ化時代にあっては、２～３名の少数精鋭の個人事務所か、あるいは10名以上の多人数の合同事務所や法人事務所のいずれかの二極化が進むものと思われます。

プライバシーを重視する相続登記などの案件か、それとも多量かつ画一処理を重んじる案件かなど、案件の性質を鑑み、個人事務所か多人数の事務所かを選ぶといった使分けが必要です。

また、オンライン申請が軌道にのれば、夜中の申請も可能となり、一般の依頼者、特にサラリーマンやＯＬには比較的時間の取りやすい夜中の登記依頼や相談も多くなります。

そこで、依頼者のニーズに応えて、二交代あるいは三交代制で勤務する司法書士事務所も現れてくるものと思われます。

依頼者としては、事務所の規模や形態を事前に調べてから、案件を依頼されたほうが得策といえます。

★事務所の特色を知ること

司法書士事務所といえば、従来は不動産登記中心のイメージがありますが、現在では、司法書士の仕事は登記のみならず、商事・企業法務、リーガルサポート・成年後見および裁判書類作成・簡易裁判所訴訟代理など多技にわたっております。それに、今回のオンライン申請が加わりました。

すべての司法書士事務所が等しくオールラウンドに仕事ができるとは限りませんが、各事務所は得意とする業務を幾つかもっていますので、得意とする業務を事前に確認し、事務所の特徴を把握されてから、依頼されることをお勧めします。

Q37 コンピュータ庁ってどこの登記所のこと

A　コンピュータ庁は、平成16年6月7日現在、図表54の447庁（商業・法人のみを実施する17庁を含みます）です。その後、順次サービス開始する庁が増えていきます。

このコンピュータ庁の中から、オンライン指定庁が指定されます。

注　（　）は不動産のみを実施する庁
　〔　〕は商業・法人のみを実施する庁
　括弧なしは不動産、商業・法人ともに実施する庁

【図表54　コンピュータ庁】

局名	登記所名	サービス対象外地域	今後のサービス開始予定
東京	本局、(文京)、港、台東、墨田、品川、城南、世田谷、渋谷、目黒、新宿、中野〔杉並〕、板橋、豊島、北、練馬、江戸川、城北、八王子、多摩、町田、〔福生〕、府中、田無		青梅（商業・法人）H16.6.下旬
横浜	本局、(神奈川)、(金沢)、(青葉)、(城北)、(戸塚)、(栄)、(旭)、藤沢、茅ヶ崎、川崎、(麻生)、横須賀、平塚、厚木、大和、(秦野)、相模原		秦野（商業・法人）H16.6.下旬
さいたま	本局、(戸田)、川口、志木、(大宮)、上尾、久喜、越谷、岩槻、草加、川越、(坂戸)、所沢、(熊谷※)、〔東松山〕		坂戸（商業・法人）H16.6.下旬
千葉	本局、(千葉西)、(千葉東)、〔市原〕、(東金)、佐倉、成田、松戸、(野田)、柏、館山、(八日市場※)、〔佐原〕、船橋、市川、	八日市場（八日市場市、山武郡芝山町、香取郡多古町、瑳郡光町・野栄町）	木更津（商業・法人）H16.6.下旬
水戸	本局、(鉾田)、土浦、石岡、(つくば)、〔竜ヶ崎〕、取手、鹿嶋、(水海道)		ひたちなか（商業・法人）H16.6.下旬
宇都宮	本局、鹿沼、今市、真岡、大田原、(黒磯)栃木、小山、(足利)、(佐野※)	佐野（安蘇郡田沼町）	
前橋	本局、伊勢崎、沼田※、太田、桐生、高崎	沼田(利根郡白沢村・利根村・片品村・川場村)	
静岡	本局、清水、島田※、焼津、沼津、〔三島〕、(熱海)、富士、(下田)、浜松、磐田、(掛川)、(袋井)		
甲府	本局、(韮崎)、(鰍沢)、(大月)		H16.6.下旬

長野	本局、(長野南)、上田※、佐久、松本※、(大町)、飯田、(伊那)		
新潟	本局、三条、長岡、(十日町)、(柏崎)、上越、〔新津〕、〔六日町〕		
大阪	本局、(北)、(西)、(天王寺)、(東住吉)、池田、豊中、枚方、守口、四条畷、東大阪、(枚岡)、八尾、堺、(美原)、(岸和田)、(尾崎)、(泉)、北大阪		羽曳野 H16.6.中旬 美原(商業・法人) H16.6.下旬
京都	本局、(嵯峨)、(伏見)、(向日)、宇治、(京田辺)、(園部)、(亀岡)、(京丹後)、(福知山)		
神戸	本局、(須磨)、(北)、(東神戸)、西宮、宝塚、(伊丹)、(三田)、尼崎、明石、(三木)、姫路、加古川、(社)、(西脇)、龍野、(豊岡※)(八鹿)、(洲本)	豊岡(城崎郡日高町、出石郡出石町・但東町)	伊丹(商業・法人) H16.6.中旬
奈良	本局、(天理)、葛　、橿原、(桜井)、(五條)		
大津	本局、草津、(水口)、彦根、八日市、[長浜]		
和歌山	本局、(岩出)、(橋本)、田辺		
名古屋	本局、(熱田)、(鳴海)、昭和、(名東)、春日井、瀬戸、津島、一宮、(犬山)、半田、(安城)、豊田、(西尾)、豊橋、豊川、(新城)		岡崎 H16.6.中旬
津	本局、鈴鹿、松坂※、四日市、桑名、伊勢		
岐阜	本局、(羽島)、(北方)、(関)、(八幡)、大垣、美濃加茂、多治見、中津川、高山		羽島(商業・法人) H16.6.中旬
福井	本局、武生、(鯖江)、(敦賀)		
金沢	本局、(津幡)、(松任)、(金沢西)、小松、七尾、(輪島)、(珠洲)		
富山	本局、(富山南)、(魚津)、(滑川)、高岡、(射水)、砺波		魚津(商業・法人) H16.6.下旬
広島	本局、(海田)、(祇園)、(可部)、(廿日市)、東広島、呉、(竹原)、尾道、(三原)、(甲山)、福山、(三次)、(庄原)		
山口	本局、(防府)、周南※、岩国、下関、宇部		
岡山	本局、(岡山西)、(総社)、(備前)、倉敷、笠岡、(津山※)、(美作)		
鳥取	本局、(倉吉)、米子		
松江	本局、(木次)、出雲、(浜田)		
福岡	本局、(西新)、(箱崎)、(粕屋)、(福間※)、(前原)、筑紫、(甘木)、飯塚、(直方)、久留米、(吉井)、柳川、(八女)、北九州、八幡、行橋、田川		
佐賀	本局、(鳥栖)、(武雄)、(唐津)		
長崎	本局、(時津)、(大村)、諫早、(島原)、佐	佐世保(北松浦郡江	H16.6.下旬

	世保、(平戸)、(壱岐)、(福江)、(有川)	迎町・鹿島町の商業・法人)	
大分	本局、(鶴崎)、〔別府〕、(杵築)、(佐伯)、(竹田)、(宇佐)、〔日田〕		
熊本	本局、(熊本南)、(大津)、(宇土)、(玉名)、(御船)、(山鹿)、(阿蘇)、八代、(天草)		
鹿児島	本局、国分、(知覧)、(加世田)、(川内)、(出水)、鹿屋		
宮崎	本局、(高鍋)、(日南)、都城、(小林)、延岡、(日向)		
那覇	本局、(大里)、沖縄、宜野湾、(名護)		
仙台	本局、(東仙台)、(名取)、(大和)、塩竈、大河原、古川、(築館)、石巻、(登米)、(迫)、(気仙沼)		
福島	本局、郡山、白河、須賀川、若松、いわき		
山形	本局、(寒河江)、鶴岡、〔酒田〕、〔米沢〕		
盛岡	本局、(花巻)、(北上)、(宮古)、(一関※)	一関(一関市、西磐井郡花泉町・平泉町、東磐井郡東山町)	
秋田	本局、(能代)、(大館)、(角館)		大館(商業・法人)H16.6.中旬
青森	本局、(五所川原)、〔弘前〕、(八戸)、〔十和田〕		
札幌	本局、(南)、(北)、(西)、(白石)、(江別)、(恵庭)、岩見沢、(空知南)、滝川、室蘭、苫小牧、(浦河)、(静内)、(紋別)、小樽、(余市)、(岩内)、(倶知安)		
函館	本局、(森)、(八雲)、(江差)、(奥尻)、(寿都)		
旭川	本局、(旭川東)、(富良野)、(名寄)		
釧路	本局、帯広※、〔北見〕	帯広(河東郡音更町、中川郡幕別町、川西郡芽室町)	
高松	本局、(高松南)、(寒川)、(大内)、(土庄)、丸亀、(坂出)、観音寺		
徳島	本局、鳴門、阿南、(脇町)、(池田)、(川島)		
高知	本局、(伊野)、(土佐山田)、(須崎)、(中村※)	中村(土佐清水市、宿毛市、幡多郡大月町・三原村)	
松山	本局、(砥部)、(大洲)、(八幡浜)、(西条※)、(伊予三島)、今治、宇和島	西条(西条市)	

※印の登記所の一部又は全部については、サービス開始後においても、当分の間、共同担保目録に係る情報を請求いただくことはできません。また、一部の登記所の一部地域についても、共同担保目録に係る情報を請求いただくことができない場合があります。

なお、この場合におきましても、ご利用料金(950円)に変更はございませんので、あらかじめご了承願います。

(出所:http://touki.or.jp/GSRV.htmlより)

Q38 電子認証ってどういうしくみなの

A　書面申請での申請人の本人確認は申請人の署名や印鑑によって行われますが、オンライン登記申請での本人確認は、署名や印鑑に代わるものとして、電子署名や電子証明書が使われていることはQ11、12で述べたとおりです。

★電子認証が必要なわけは

オンライン登記申請にあたって改ざんやなりすましを防ぐ目的で、電子認証制度が使われています。

【図表55　書面認証と電子認証の違い】

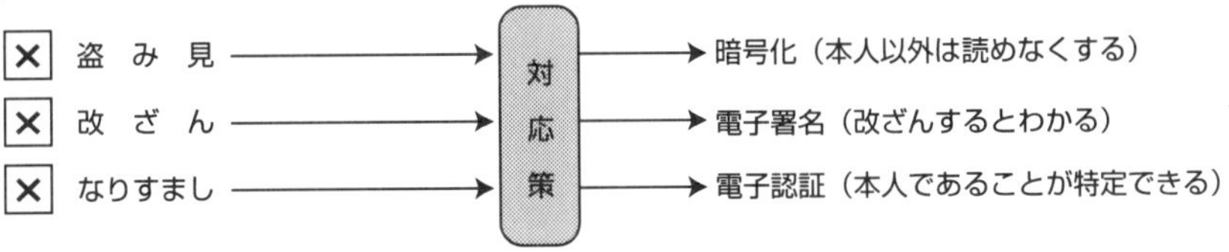

		対応策	
✗	盗み見 →	→	暗号化（本人以外は読めなくする）
✗	改ざん →	→	電子署名（改ざんするとわかる）
✗	なりすまし →	→	電子認証（本人であることが特定できる）

★書面認証と電子認証の違いは

署名や印鑑を使った書面認証と電子認証の違いをみると、図表56のとおりです。

【図表56　書面認証と電子認証の違い】

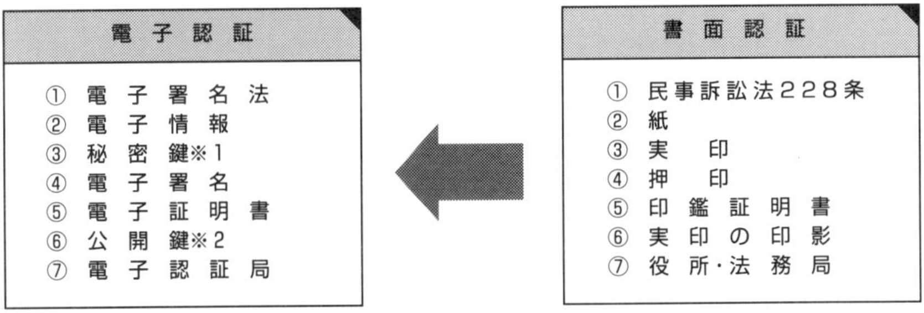

電子認証	書面認証
① 電子署名法	① 民事訴訟法228条
② 電子情報	② 紙
③ 秘密鍵※1	③ 実印
④ 電子署名	④ 押印
⑤ 電子証明書	⑤ 印鑑証明書
⑥ 公開鍵※2	⑥ 実印の印影
⑦ 電子認証局	⑦ 役所・法務局

※1　秘密鍵とは、署名鍵ともいい、所有者しかもてず、所有者以外は使用できない鍵のことです。

※2　公開鍵とは、検証鍵ともいい、所有者の鍵であり、一般に公開し、誰でも使える鍵のことです。

★認証機関というのは

　電子申請に使われる認証は、政府の認証局ネットワークに連動した特定認証局でなければなりませんが、これは、府省認証局と、府省認証局と民間認証局とを仲介するブリッジ認証局からなっています。

【図表57　認証機関】

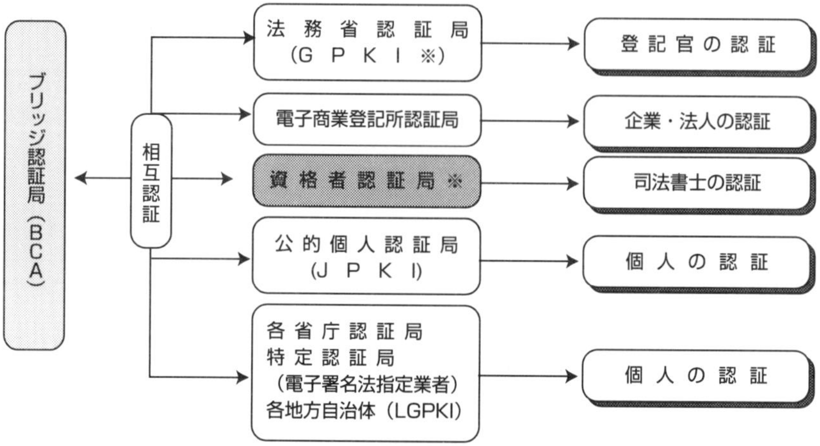

※アミ付の認証局は構築予定のものです。
※GPKIとは、政府の認証局ネットワークのことです。

★不動産登記の電子認証のしくみ（イメージ図）

【図表58　不動産登記のイメージ図】

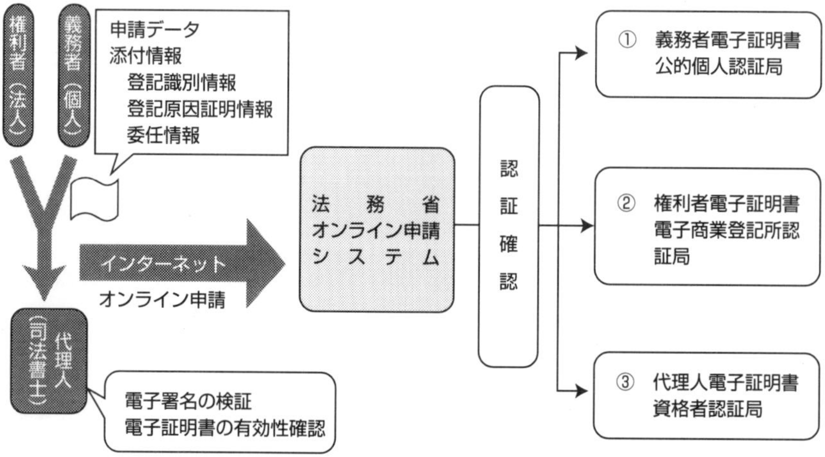

改正関係資料編

❶ オンライン登記申請処理システムの基本的な処理の流れ（案）

図 1

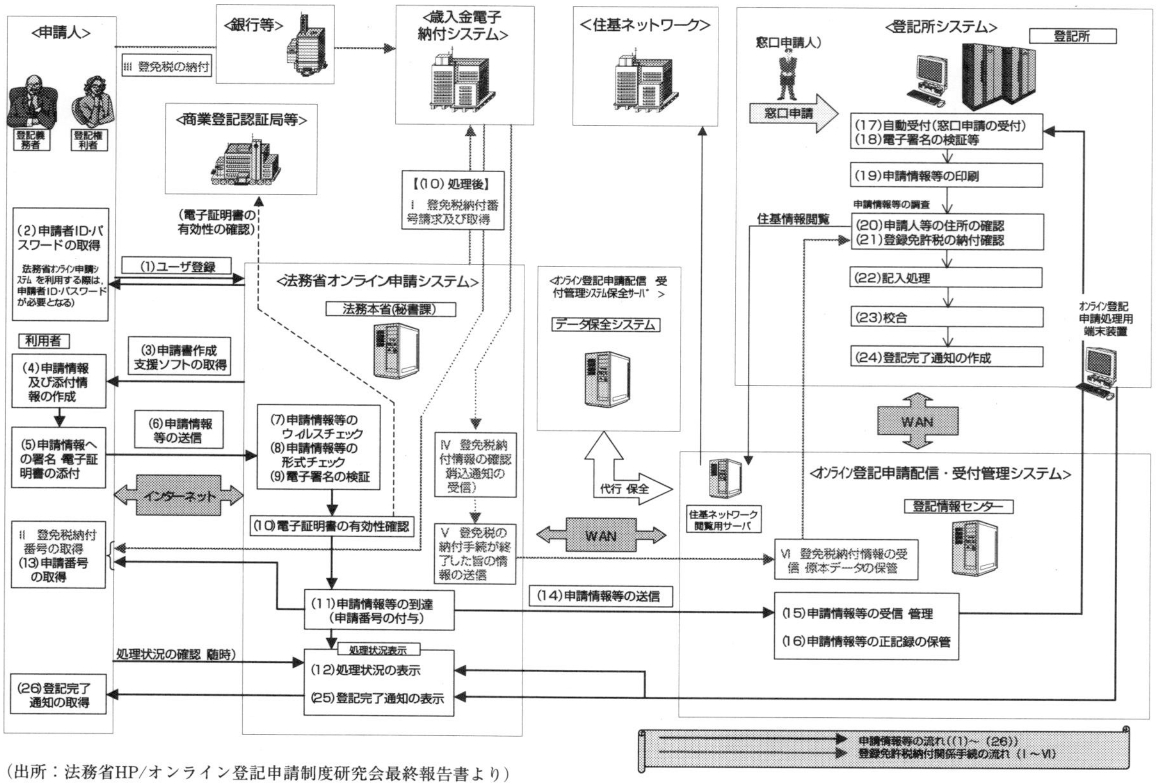

（出所：法務省HP/オンライン登記申請制度研究会最終報告書より）

❷ 登記識別記号の提供・交付の方法（案）

図 2

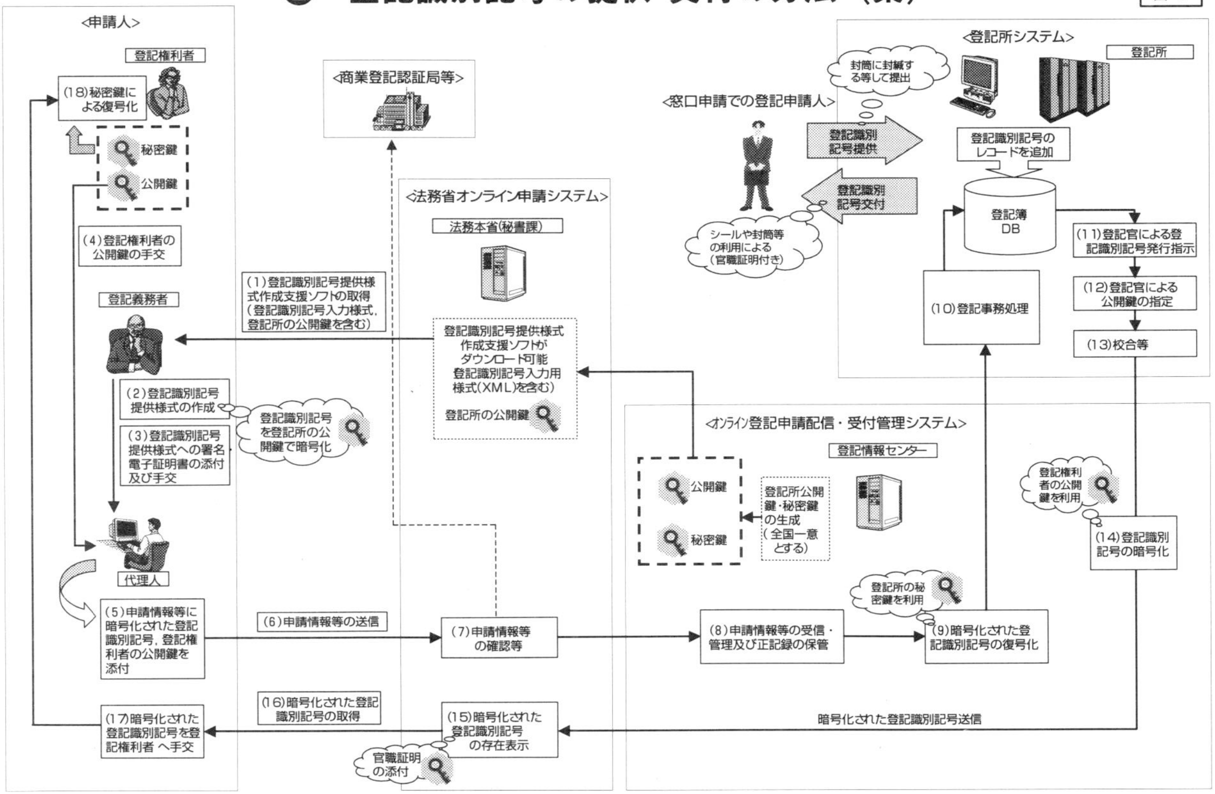

（出所：法務省HP/オンライン登記申請制度研究会最終報告書より）

❸ 登記識別記号有効性確認請求の方法（案）

図 3

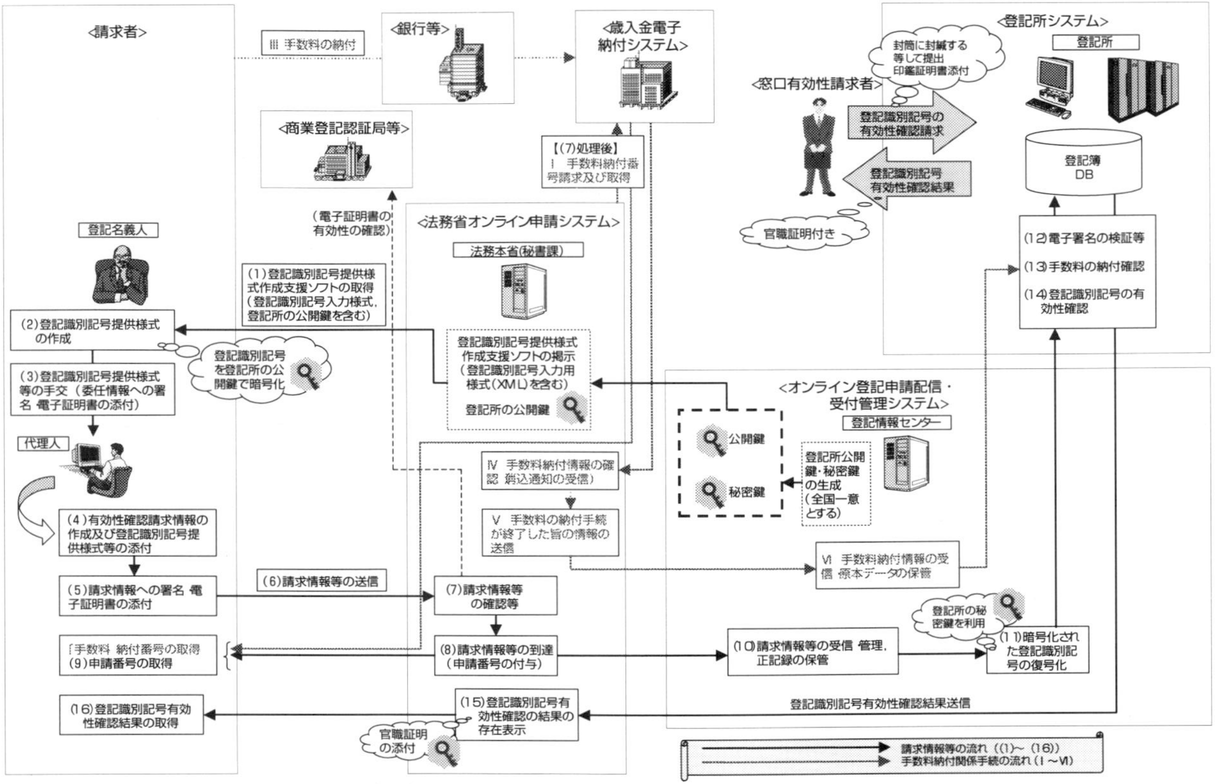

（出所：法務省HP/オンライン登記申請制度研究会最終報告書より）

❹ 全文改正された不動産登記法

不動産登記法（平成16年６月18日公布　法律第123号）

不動産登記法（明治三十二年法律第二十四号）の全部を改正する。

目次

第一章　総則

（目的）

第一条　この法律は、不動産の表示及び不動産に関する権利を公示するための登記に関する制度について定めることにより、国民の権利の保全を図り、もって取引の安全と円滑に資することを目的とする。

（定義）

第二条　この法律において、次の各号に掲げる用語の意義は、それぞれ当該各号に定めるところによる。

一　不動産　土地又は建物をいう。
二　不動産の表示　不動産についての第二十七条第一号、第三号若しくは第四号、第三十四条第一項各号、第四十三条第一項、第四十四条第一項各号又は第五十八条第一項各号に規定する登記事項をいう。
三　表示に関する登記　不動産の表示に関する登記をいう。
四　権利に関する登記　不動産についての次条各号に掲げる権利に関する登記をいう。
五　登記記録　表示に関する登記又は権利に関する登記について、一筆の土地又は一個の建物ごとに第十二条の規定により作成される電磁的記録（電子的方式、磁気的方式その他人の知覚によっては認識することができない方式で作られる記録であって、電子計算機による情報処理の用に供されるものをいう。以下同じ。）をいう。
六　登記事項　この法律の規定により登記記録として登記すべき事項をいう。
七　表題部　登記記録のうち、表示に関する登記が記録される部分をいう。
八　権利部　登記記録のうち、権利に関する登記が記録される部分をいう。
九　登記簿　登記記録が記録される帳簿であって、磁気ディスク（これに準ずる方法により一定の事項を確実に記録することができる物を含む。以下同じ。）をもって調製するものをいう。
十　表題部所有者　所有権の登記がない不動産の登記記録の表題部に、所有者として記録されている者をいう。
十一　登記名義人　登記記録の権利部に、次条各号に掲げる権利について権利者として記録されている者をいう。
十二　登記権利者　権利に関する登記をすることにより、登記上、直接に利益を受ける者をいい、間接に利益を受ける者を除く。
十三　登記義務者　権利に関する登記をすることにより、登記上、直接に不利益を受ける登記名義人をいい、間接に不利益を受ける登記名義人を除く。
十四　登記識別情報　第二十二条本文の規定により登記名義人が登記を申請する場合において、当該登記名義人自らが当該登記を申請していることを確認するために用いられる符号その他の情報であって、登記名義人を識別することができるものをいう。
十五　変更の登記　登記事項に変更があった場合に当該登記事項を変更する登記をいう。
十六　更正の登記　登記事項に錯誤又は遺漏があった場合に当該登記事項を訂正する登記をいう。
十七　地番　第三十五条の規定により一筆の土地ごとに付す番号をいう。
十八　地目　土地の用途による分類であって、第三十四条第二項の法務省令で定めるものをいう。
十九　地積　一筆の土地の面積であって、第三十四条第二項の法務省令で定めるものをいう。
二十　表題登記　表示に関する登記のうち、当該不動産について表題部に最初にされる登記をいう。
二十一　家屋番号　第四十五条の規定により一個の建物ごとに付す番号をいう。
二十二　区分建物　一棟の建物の構造上区分された部分で独立して住居、店舗、事務所又は倉庫その他建物としての用途に供することができるものであって、建物の区分所有等に関する法律（昭和三十七年法律第六十九号。以下「区分所有法」という。）第二条第三項に規定する専有部分であるもの（区分所有法第四条第二項の規定により共用部分とされたものを含む。）をいう。

二十三　附属建物　表題登記がある建物に附属する建物であって、当該表題登記がある建物と一体のものとして一個の建物として登記されるものをいう。

二十四　抵当証券　抵当証券法（昭和六年法律第十五号）第一条第一項に規定する抵当証券をいう。

（登記することができる権利等）

第三条　登記は、不動産の表示又は不動産についての次に掲げる権利の保存等（保存、設定、移転、変更、処分の制限又は消滅をいう。次条第二項及び第百五条第一号において同じ。）についてする。

一　所有権

二　地上権

三　永小作権

四　地役権

五　先取特権

六　質権

七　抵当権

八　賃借権

九　採石権（採石法（昭和二十五年法律第二百九十一号）に規定する採石権をいう。第五十条及び第八十二条において同じ。）

（権利の順位）

第四条　同一の不動産について登記した権利の順位は、法令に別段の定めがある場合を除き、登記の前後による。

2　付記登記（権利に関する登記のうち、既にされた権利に関する登記についてする登記であって、当該既にされた権利に関する登記を変更し、若しくは更正し、又は所有権以外の権利にあってはこれを移転し、若しくはこれを目的とする権利の保存等をするもので当該既にされた権利に関する登記と一体のものとして公示する必要があるものをいう。以下この項及び第六十六条において同じ。）の順位は主登記（付記登記の対象となる既にされた権利に関する登記をいう。以下この項において同じ。）の順位により、同一の主登記に係る付記登記の順位はその前後による。

（登記がないことを主張することができない第三者）

第五条　詐欺又は強迫によって登記の申請を妨げた第三者は、その登記がないことを主張することができない。

2　他人のために登記を申請する義務を負う第三者は、その登記がないことを主張することができない。ただし、その登記の登記原因（登記の原因となる事実又は法律行為をいう。以下同じ。）が自己の登記の登記原因の後に生じたときは、この限りでない。

第二章　登記所及び登記官

（登記所）

第六条　登記の事務は、不動産の所在地を管轄する法務局若しくは地方法務局若しくはこれらの支局又はこれらの出張所（以下単に「登記所」という。）がつかさどる。

2　不動産が二以上の登記所の管轄区域にまたがる場合は、法務省令で定めるところにより、法務大臣又は法務局若しくは地方法務局の長が、当該不動産に関する登記の事務をつかさどる登記所を指定する。

3　前項に規定する場合において、同項の指定がされるまでの間、登記の申請は、当該二以上の登記所のうち、一の登記所にすることができる。

（事務の委任）

第七条　法務大臣は、一の登記所の管轄に属する事務を他の登記所に委任することができる。

（事務の停止）

第八条　法務大臣は、登記所においてその事務を停止しなければならない事由が生じたときは、期間を定めて、その停止を命ずることができる。

（登記官）

第九条　登記所における事務は、登記官（登記所に勤務する法務事務官のうちから、法務局又は地方法務局の長が指定する者をいう。以下同じ。）が取り扱う。

（登記官の除斥）

第十条　登記官又はその配偶者若しくは四親等内の親族（配偶者又は四親等内の親族であった者を含む。以下この条において同じ。）が登記の申請人であるときは、当該登記官は、当該登記をすることができない。登記官又はその配偶者若しくは四親等内の親族が申請人を代表して申請するときも、同様とする。

第三章　登記記録等

（登記）

第十一条　登記は、登記官が登記簿に登記事項を記録することによって行う。

（登記記録の作成）

第十二条　登記記録は、表題部及び権利部に区分して作成する。

（登記記録の滅失と回復）

第十三条　法務大臣は、登記記録の全部又は一部が滅失したときは、登記官に対し、一定の期間を定めて、当該登記記録の回復に必要な処分を命ずることができる。

（地図等）

第十四条　登記所には、地図及び建物所在図を備え付けるものとする。

2　前項の地図は、一筆又は二筆以上の土地ごとに作成し、各土地の区画を明確にし、地番を表示するものとする。

3　第一項の建物所在図は、一個又は二個以上の建物ごとに作成し、各建物の位置及び家屋番号を表示するものとする。

4　第一項の規定にかかわらず、登記所には、同項の規定により地図が備え付けられるまでの間、これに代えて、地図に準ずる図面を備え付けることができる。

5　前項の地図に準ずる図面は、一筆又は二筆以上の土地ごとに土地の位置、形状及び地番を表示するものとする。

6　第一項の地図及び建物所在図並びに第四項の地図に準ずる図面は、電磁的記録に記録することができる。

（法務省令への委任）

第十五条　この章に定めるもののほか、登記簿及び登記記録並びに地図、建物所在図及び地図に準ずる図面の記録方法その他の登記の事務に関し必要な事項は、法務省令で定める。

第四章　登記手続

第一節　総則

（当事者の申請又は嘱託による登記）

第十六条　登記は、法令に別段の定めがある場合を除き、当事者の申請又は官庁若しくは公署の嘱託がなければ、することができない。

2　第二条第十四号、第五条、第六条第三項、第十条及びこの章（この条、第二十七条、第二十八条、第三十二条、第三十四条、第三十五条、第四十一条、第四十三条から第四十六条まで、第五十一条第五項及び第六項、第五十三条第二項、第五十六条、第五十八条第一項及び第四項、第五十九条第一号、第三号から第六号まで及び第八号、第六十六条、第六十七条、第七十一条、第七十三条第一項第二号から第四号まで、第二項及び第三項、第七十六条、第七十八条から第八十六条まで、第八十八条、第九十条から第九十二条まで、第九十四条、第九十五条第一項、第九十六条、第九十七条、第九十八条第二項、第百一条、第百二条、第百六条、第百八条、第百十二条、第百十四条から第百十七条まで並びに第百十八条第二項、第五項及び第六項を除く。）の規定は、官庁又は公署の嘱託による登記の手続について準用する。

（代理権の不消滅）

第十七条　登記の申請をする者の委任による代理人の権限は、次に掲げる事由によっては、消滅しない。

一　本人の死亡

二　本人である法人の合併による消滅

三　本人である受託者の信託の任務終了

四　法定代理人の死亡又はその代理権の消滅若しくは変更

（申請の方法）

第十八条　登記の申請は、次に掲げる方法のいずれかにより、不動産を識別するために必要な事項、申請人の氏名又は名称、登記の目的その他の登記の申請に必要な事項として政令で定める情報（以下「申請情報」という。）を登記所に提供してしなければならない。

一　法務省令で定めるところにより電子情報処理組織（登記所の使用に係る電子計算機（入出力装置を含む。以下この号において同じ。）と申請人又はその代理人の使用に係る電子計算機とを電気通信回線で接続した電子情報処理組織をいう。）を使用する方法

二　申請情報を記載した書面（法務省令で定めるところにより申請情報の全部又は一部を記録した磁気ディスクを含む。）を提出する方法

（受付）

第十九条　登記官は、前条の規定により申請情報が登記所に提供されたときは、法務省令で定めるところにより、当該申請情報に係る登記の申請の受付をしなければならない。

2　同一の不動産に関し二以上の申請がされた場合において、その前後が明らかでないときは、これらの申請は、同時にされたものとみなす。

3　登記官は、申請の受付をしたときは、当該申請に受付番号を付さなければならない。この場合において、同一の不動産に関し同時に二以上の申請がされたとき（前項の規定により同時にされたものとみなされるときを含む。）は、同一の受付番号を付するものとする。

（登記の順序）

第二十条　登記官は、同一の不動産に関し権利に関する登記の申請が二以上あったときは、これらの登記を受付番号の順序に従ってしなければならない。

（登記識別情報の通知）

第二十一条　登記官は、その登記をすることによって申請人自らが登記名義人となる場合において、当該登記を完了したときは、法務省令で定めるところにより、速やかに、当該申請人に対し、当該登記に係る登記識別情報を通知しなければならない。ただし、当該申請人があらかじめ登記識別情報の通知を希望しない旨の申出をした場合その他の法務省令で定める場合は、この限りでない。

（登記識別情報の提供）

第二十二条　登記権利者及び登記義務者が共同して権利に関する登記の申請をする場合その他登記名義人が政令で定める登記の申請をする場合には、申請人は、その申請情報と併せて登記義務者（政令で定める登記の申請にあっては、登記名義人。次条第一項、第二項及び第四項各号において同じ。）の登記識別情報を提供しなければならない。ただし、前条ただし書の規定により登記識別情報が通知されなかった場合その他の申請人が登記識別情報を提供することができないことにつき正当な理由がある場合は、この限りでない。

（事前通知等）

第二十三条　登記官は、申請人が前条に規定する申請をする場合において、同条ただし書の規定により登記識別情報を提供することができないときは、法務省令で定める方法により、同条に規定する登記義務者に対し、当該申請があった旨及び当該申請の内容が真実であると思料するときは法務省令で定める期間内に法務省令で定めるところによりその旨の申出をすべき旨を通知しなければならない。この場合において、登記官は、当該期間内にあっては、当該申出がない限り、当該申請に係る登記をすることができない。

2　登記官は、前項の登記の申請が所有権に関するものである場合において、同項の登記義務者の住所について変更の登記がされているときは、法務省令で定める場合を除き、同項の申請に基づいて登記をする前に、法務省令で定める方法により、同項の規定による通知のほか、当該登記義務者の登記記録上の前の住所にあてて、当該申請があった旨を通知しなければならない。

3　前二項の規定は、登記官が第二十五条（第十号を除く。）の規定により申請を却下すべき場合には、適用しない。

4　第一項の規定は、同項に規定する場合において、次の各号のいずれかに掲げるときは、適用しない。

一　当該申請が登記の申請の代理を業とすることができる代理人によってされた場合であって、登記官が当該代理人から法務省令で定めるところにより当該申請人が第一項の登記義務者であることを確認するために必要な情報の提供を受け、かつ、その内容を相当と認めるとき。

二　当該申請に係る申請情報（委任による代理人によって申請する場合にあっては、その権限を証する情報）を記載し、又は記録した書面又は電磁的記録について、公証人（公証人法（明治四十一年法律第五十三号）第八条の規定により公証人の職務を行う法務事務官を含む。）から当該申請人が第一項の登記義務者であることを確認するために必要な認証がされ、かつ、登記官がその内容を相当と認めるとき。

（登記官による本人確認）

第二十四条　登記官は、登記の申請があった場合において、申請人となるべき者以外の者が申請していると疑うに足りる相当な理由があると認めるときは、次条の規定により当該申請を却下すべき場合を除き、申請人又はその代表者若しくは代理人に対し、出頭を求め、質問をし、又は文書の提示その他必要な情報の提供を求める方法により、当該申請人の申請の権限の有無を調査しなければならない。

2　登記官は、前項に規定する申請人又はその代表者若しくは代理人が遠隔の地に居住しているとき、その他相当と認めるときは、他の登記所の登記官に同項の調査を嘱託することができる。

（申請の却下）

第二十五条　登記官は、次に掲げる場合には、理由を付した決定で、登記の申請を却下しなければならない。ただし、当該申請の不備が補正することができるものである場合において、登記官が定めた相当の期間内に、申請人がこれを補正したときは、この限りでない。

一　申請に係る不動産の所在地が当該申請を受けた登記所の管轄に属しないとき。

二　申請が登記事項（他の法令の規定により登記記録として登記すべき事項を含む。）以外の事項の登記を目的とするとき。

三　申請に係る登記が既に登記されているとき。

四　申請の権限を有しない者の申請によるとき。

五　申請情報又はその提供の方法がこの法律に基づく命令又はその他の法令の規定により定められた方式に適合しないとき。

六　申請情報の内容である不動産又は登記の目的である権利が登記記録と合致しないとき。

七　申請情報の内容である登記義務者（第六十五条、第七十七条、第八十九条第一項（同条第二項において準用する場合を含む。）、第九十三条又は第百十条前段の場合にあっては、登記名義人）の氏名若しくは名称又は住所が登記記録と合致しないとき。

八　申請情報の内容が第六十一条に規定する登記原因を証する情報の内容と合致しないとき。

九　第二十二条本文若しくは第六十一条の規定又はこの法律に基づく命令若しくはその他の法令の規定により申請情報と併せて提供しなければならないものとされている情報が

提供されないとき。

十　第二十三条第一項に規定する期間内に同項の申出がないとき。

十一　表示に関する登記の申請に係る不動産の表示が第二十九条の規定による登記官の調査の結果と合致しないとき。

十二　登録免許税を納付しないとき。

十三　前各号に掲げる場合のほか、登記すべきものでないときとして政令で定めるとき。

（政令への委任）

第二十六条　この章に定めるもののほか、申請情報の提供の方法並びに申請情報と併せて提供することが必要な情報及びその提供の方法その他の登記申請の手続に関し必要な事項は、政令で定める。

第二節　表示に関する登記

第一款　通則

（表示に関する登記の登記事項）

第二十七条　土地及び建物の表示に関する登記の登記事項は、次のとおりとする。

一　登記原因及びその日付

二　登記の年月日

三　所有権の登記がない不動産（共用部分（区分所有法第四条第二項に規定する共用部分をいう。以下同じ。）である旨の登記又は団地共用部分（区分所有法第六十七条第一項に規定する団地共用部分をいう。以下同じ。）である旨の登記がある建物を除く。）については、所有者の氏名又は名称及び住所並びに所有者が二人以上であるときはその所有者ごとの持分

四　前三号に掲げるもののほか、不動産を識別するために必要な事項として法務省令で定めるもの

（職権による表示に関する登記）

第二十八条　表示に関する登記は、登記官が、職権ですることができる。

（登記官による調査）

第二十九条　登記官は、表示に関する登記について第十八条の規定により申請があった場合及び前条の規定により職権で登記しようとする場合において、必要があると認めるときは、当該不動産の表示に関する事項を調査することができる。

2　登記官は、前項の調査をする場合において、必要があると認めるときは、日出から日没までの間に限り、当該不動産を検査し、又は当該不動産の所有者その他の関係人に対し、文書若しくは電磁的記録に記録された事項を法務省令で定める方法により表示したものの提示を求め、若しくは質問をすることができる。この場合において、登記官は、その身分を示す証明書を携帯し、関係人の請求があったときは、これを提示しなければならない。

（一般承継人による申請）

第三十条　表題部所有者又は所有権の登記名義人が表示に関する登記の申請人となることができる場合において、当該表題部所有者又は登記名義人について相続その他の一般承継があったときは、相続人その他の一般承継人は、当該表示に関する登記を申請することがで

きる。

（表題部所有者の氏名等の変更の登記又は更正の登記）

第三十一条　表題部所有者の氏名若しくは名称又は住所についての変更の登記又は更正の登記は、表題部所有者以外の者は、申請することができない。

（表題部所有者の変更等に関する登記手続）

第三十二条　表題部所有者又はその持分についての変更は、当該不動産について所有権の保存の登記をした後において、その所有権の移転の登記の手続をするのでなければ、登記することができない。

（表題部所有者の更正の登記等）

第三十三条　不動産の所有者と当該不動産の表題部所有者とが異なる場合においてする当該表題部所有者についての更正の登記は、当該不動産の所有者以外の者は、申請することができない。

2　前項の場合において、当該不動産の所有者は、当該表題部所有者の承諾があるときでなければ、申請することができない。

3　不動産の表題部所有者である共有者の持分についての更正の登記は、当該共有者以外の者は、申請することができない。

4　前項の更正の登記をする共有者は、当該更正の登記によってその持分を更正することとなる他の共有者の承諾があるときでなければ、申請することができない。

第二款　土地の表示に関する登記

（土地の表示に関する登記の登記事項）

第三十四条　土地の表示に関する登記の登記事項は、第二十七条各号に掲げるもののほか、次のとおりとする。

一　土地の所在する市、区、郡、町、村及び字

二　地番

三　地目

四　地積

2　前項第三号の地目及び同項第四号の地積に関し必要な事項は、法務省令で定める。

（地番）

第三十五条　登記所は、法務省令で定めるところにより、地番を付すべき区域（第三十九条第二項及び第四十一条第二号において「地番区域」という。）を定め、一筆の土地ごとに地番を付さなければならない。

（土地の表題登記の申請）

第三十六条　新たに生じた土地又は表題登記がない土地の所有権を取得した者は、その所有権の取得の日から一月以内に、表題登記を申請しなければならない。

（地目又は地積の変更の登記の申請）

第三十七条　地目又は地積について変更があったときは、表題部所有者又は所有権の登記名義人は、その変更があった日から一月以内に、当該地目又は地積に関する変更の登記を申請しなければならない。

2　地目又は地積について変更があった後に表題部所有者又は所有権の登記名義人となった者は、その者に係る表題部所有者についての更正の登記又は所有権の登記があった日から一月以内に、当該地目又は地積に関する変更の登記を申請しなければならない。

（土地の表題部の更正の登記の申請）

第三十八条　第二十七条第一号、第二号若しくは第四号（同号にあっては、法務省令で定めるものに限る。）又は第三十四条第一項第一号、第三号若しくは第四号に掲げる登記事項に関する更正の登記は、表題部所有者又は所有権の登記名義人以外の者は、申請することができない。

（分筆又は合筆の登記）

第三十九条　分筆又は合筆の登記は、表題部所有者又は所有権の登記名義人以外の者は、申請することができない。

2　登記官は、前項の申請がない場合であっても、一筆の土地の一部が別の地目となり、又は地番区域（地番区域でない字を含む。第四十一条第二号において同じ。）を異にするに至ったときは、職権で、その土地の分筆の登記をしなければならない。

3　登記官は、第一項の申請がない場合であっても、第十四条第一項の地図を作成するため必要があると認めるときは、第一項に規定する表題部所有者又は所有権の登記名義人の異議がないときに限り、職権で、分筆又は合筆の登記をすることができる。

（分筆に伴う権利の消滅の登記）

第四十条　登記官は、所有権の登記以外の権利に関する登記がある土地について分筆の登記をする場合において、当該分筆の登記の申請情報と併せて当該権利に関する登記に係る権利の登記名義人（当該権利に関する登記が抵当権の登記である場合において、抵当証券が発行されているときは、当該抵当証券の所持人又は裏書人を含む。）が当該権利を分筆後のいずれかの土地について消滅させることを承諾したことを証する情報が提供されたとき（当該権利を目的とする第三者の権利に関する登記がある場合にあっては、当該第三者が承諾したことを証する情報が併せて提供されたときに限る。）は、法務省令で定めるところにより、当該承諾に係る土地について当該権利が消滅した旨を登記しなければならない。

（合筆の登記の制限）

第四十一条　次に掲げる合筆の登記は、することができない。

一　相互に接続していない土地の合筆の登記

二　地目又は地番区域が相互に異なる土地の合筆の登記

三　表題部所有者又は所有権の登記名義人が相互に異なる土地の合筆の登記

四　表題部所有者又は所有権の登記名義人が相互に持分を異にする土地の合筆の登記

五　所有権の登記がない土地と所有権の登記がある土地との合筆の登記

六　所有権の登記以外の権利に関する登記がある土地（権利に関する登記であって、合筆後の土地の登記記録に登記することができるものとして法務省令で定めるものがある土地を除く。）の合筆の登記

（土地の滅失の登記の申請）

第四十二条　土地が滅失したときは、表題部所有者又は所有権の登記名義人は、その滅失の

日から一月以内に、当該土地の滅失の登記を申請しなければならない。

（河川区域内の土地の登記）

第四十三条　河川法（昭和三十九年法律第百六十七号）第六条第一項（同法第百条第一項において準用する場合を含む。第一号において同じ。）の河川区域内の土地の表示に関する登記の登記事項は、第二十七条各号及び第三十四条第一項各号に掲げるもののほか、第一号に掲げる土地である旨及び第二号から第五号までに掲げる土地にあってはそれぞれその旨とする。

一　河川法第六条第一項の河川区域内の土地

二　河川法第六条第二項（同法第百条第一項において準用する場合を含む。）の高規格堤防特別区域内の土地

三　河川法第六条第三項（同法第百条第一項において準用する場合を含む。）の樹林帯区域内の土地

四　河川法第二十六条第四項（同法第百条第一項において準用する場合を含む。）の特定樹林帯区域内の土地

五　河川法第五十八条の二第二項（同法第百条第一項において準用する場合を含む。）の河川立体区域内の土地

2　土地の全部又は一部が前項第一号の河川区域内又は同項第二号の高規格堤防特別区域内、同項第三号の樹林帯区域内、同項第四号の特定樹林帯区域内若しくは同項第五号の河川立体区域内の土地となったときは、河川管理者は、遅滞なく、その旨の登記を登記所に嘱託しなければならない。

3　土地の全部又は一部が第一項第一号の河川区域内又は同項第二号の高規格堤防特別区域内、同項第三号の樹林帯区域内、同項第四号の特定樹林帯区域内若しくは同項第五号の河川立体区域内の土地でなくなったときは、河川管理者は、遅滞なく、その旨の登記の抹消を登記所に嘱託しなければならない。

4　土地の一部について前二項の規定により登記の嘱託をするときは、河川管理者は、当該土地の表題部所有者若しくは所有権の登記名義人又はこれらの者の相続人その他の一般承継人に代わって、当該土地の分筆の登記を登記所に嘱託することができる。

5　第一項各号の河川区域内の土地の全部が滅失したときは、河川管理者は、遅滞なく、当該土地の滅失の登記を登記所に嘱託しなければならない。

6　第一項各号の河川区域内の土地の一部が滅失したときは、河川管理者は、遅滞なく、当該土地の地積に関する変更の登記を登記所に嘱託しなければならない。

第三款　建物の表示に関する登記

（建物の表示に関する登記の登記事項）

第四十四条　建物の表示に関する登記の登記事項は、第二十七条各号に掲げるもののほか、次のとおりとする。

一　建物の所在する市、区、郡、町、村、字及び土地の地番（区分建物である建物にあっては、当該建物が属する一棟の建物の所在する市、区、郡、町、村、字及び土地の地番）

二　家屋番号

三　建物の種類、構造及び床面積
四　建物の名称があるときは、その名称
五　附属建物があるときは、その所在する市、区、郡、町、村、字及び土地の地番（区分建物である附属建物にあっては、当該附属建物が属する一棟の建物の所在する市、区、郡、町、村、字及び土地の地番）並びに種類、構造及び床面積
六　建物が共用部分又は団地共用部分であるときは、その旨
七　建物又は附属建物が区分建物であるときは、当該建物又は附属建物が属する一棟の建物の構造及び床面積
八　建物又は附属建物が区分建物である場合であって、当該建物又は附属建物が属する一棟の建物の名称があるときは、その名称
九　建物又は附属建物が区分建物である場合において、当該区分建物について区分所有法第二条第六項に規定する敷地利用権（登記されたものに限る。）であって、区分所有法第二十二条第一項本文（同条第三項において準用する場合を含む。）の規定により区分所有者の有する専有部分と分離して処分することができないもの（以下「敷地権」という。）があるときは、その敷地権

2　前項第三号、第五号及び第七号の建物の種類、構造及び床面積に関し必要な事項は、法務省令で定める。

（家屋番号）

第四十五条　登記所は、法務省令で定めるところにより、一個の建物ごとに家屋番号を付さなければならない。

（敷地権である旨の登記）

第四十六条　登記官は、表示に関する登記のうち、区分建物に関する敷地権について表題部に最初に登記をするときは、当該敷地権の目的である土地の登記記録について、職権で、当該登記記録中の所有権、地上権その他の権利が敷地権である旨の登記をしなければならない。

（建物の表題登記の申請）

第四十七条　新築した建物又は区分建物以外の表題登記がない建物の所有権を取得した者は、その所有権の取得の日から一月以内に、表題登記を申請しなければならない。

2　区分建物である建物を新築した場合において、その所有者について相続その他の一般承継があったときは、相続人その他の一般承継人も、被承継人を表題部所有者とする当該建物についての表題登記を申請することができる。

（区分建物についての建物の表題登記の申請方法）

第四十八条　区分建物が属する一棟の建物が新築された場合又は表題登記がない建物に接続して区分建物が新築されて一棟の建物となった場合における当該区分建物についての表題登記の申請は、当該新築された一棟の建物又は当該区分建物が属することとなった一棟の建物に属する他の区分建物についての表題登記の申請と併せてしなければならない。

2　前項の場合において、当該区分建物の所有者は、他の区分建物の所有者に代わって、当該他の区分建物についての表題登記を申請することができる。

3　表題登記がある建物（区分建物を除く。）に接続して区分建物が新築された場合におけ

る当該区分建物についての表題登記の申請は、当該表題登記がある建物についての表題部の変更の登記の申請と併せてしなければならない。

4　前項の場合において、当該区分建物の所有者は、当該表題登記がある建物の表題部所有者若しくは所有権の登記名義人又はこれらの者の相続人その他の一般承継人に代わって、当該表題登記がある建物についての表題部の変更の登記を申請することができる。

（合体による登記等の申請）

第四十九条　二以上の建物が合体して一個の建物となった場合において、次の各号に掲げるときは、それぞれ当該各号に定める者は、当該合体の日から一月以内に、合体後の建物についての建物の表題登記及び合体前の建物についての建物の表題部の登記の抹消（以下「合体による登記等」と総称する。）を申請しなければならない。この場合において、第二号に掲げる場合にあっては当該表題登記がない建物の所有者、第四号に掲げる場合にあっては当該表題登記がある建物（所有権の登記がある建物を除く。以下この条において同じ。）の表題部所有者、第六号に掲げる場合にあっては当該表題登記がない建物の所有者及び当該表題登記がある建物の表題部所有者をそれぞれ当該合体後の建物の登記名義人とする所有権の登記を併せて申請しなければならない。

一　合体前の二以上の建物が表題登記がない建物及び表題登記がある建物のみであるとき。当該表題登記がない建物の所有者又は当該表題登記がある建物の表題部所有者

二　合体前の二以上の建物が表題登記がない建物及び所有権の登記がある建物のみであるとき。当該表題登記がない建物の所有者又は当該所有権の登記がある建物の所有権の登記名義人

三　合体前の二以上の建物がいずれも表題登記がある建物であるとき。当該建物の表題部所有者

四　合体前の二以上の建物が表題登記がある建物及び所有権の登記がある建物のみであるとき。当該表題登記がある建物の表題部所有者又は当該所有権の登記がある建物の所有権の登記名義人

五　合体前の二以上の建物がいずれも所有権の登記がある建物であるとき。当該建物の所有権の登記名義人

六　合体前の三以上の建物が表題登記がない建物、表題登記がある建物及び所有権の登記がある建物のみであるとき。当該表題登記がない建物の所有者、当該表題登記がある建物の表題部所有者又は当該所有権の登記がある建物の所有権の登記名義人

2　第四十七条並びに前条第一項及び第二項の規定は、二以上の建物が合体して一個の建物となった場合において合体前の建物がいずれも表題登記がない建物であるときの当該建物についての表題登記の申請について準用する。この場合において、第四十七条第一項中「新築した建物又は区分建物以外の表題登記がない建物の所有権を取得した者」とあるのは「いずれも表題登記がない二以上の建物が合体して一個の建物となった場合における当該合体後の建物についての合体時の所有者又は当該合体後の建物が区分建物以外の表題登記がない建物である場合において当該合体時の所有者から所有権を取得した者」と、同条第二項中「区分建物である建物を新築した場合」とあり、及び前条第一項中「区分建物が

属する一棟の建物が新築された場合又は表題登記がない建物に接続して区分建物が新築されて一棟の建物となった場合」とあるのは「いずれも表題登記がない二以上の建物が合体して一個の区分建物となった場合」と、同項中「当該新築された一棟の建物又は当該区分建物が属することとなった一棟の建物」とあるのは「当該合体後の区分建物が属する一棟の建物」と読み替えるものとする。

3　第一項第一号、第二号又は第六号に掲げる場合において、当該二以上の建物（同号に掲げる場合にあっては、当該三以上の建物）が合体して一個の建物となった後当該合体前の表題登記がない建物の所有者から当該合体後の建物について合体前の表題登記がない建物の所有権に相当する持分を取得した者は、その持分の取得の日から一月以内に、合体による登記等を申請しなければならない。

4　第一項各号に掲げる場合において、当該二以上の建物（同項第六号に掲げる場合にあっては、当該三以上の建物）が合体して一個の建物となった後に合体前の表題登記がある建物の表題部所有者又は合体前の所有権の登記がある建物の所有権の登記名義人となった者は、その者に係る表題部所有者についての更正の登記又は所有権の登記があった日から一月以内に、合体による登記等を申請しなければならない。

（合体に伴う権利の消滅の登記）

第五十条　登記官は、所有権等（所有権、地上権、永小作権、地役権及び採石権をいう。以下この款及び第百十八条第五項において同じ。）の登記以外の権利に関する登記がある建物について合体による登記等をする場合において、当該合体による登記等の申請情報と併せて当該権利に関する登記に係る権利の登記名義人（当該権利に関する登記が抵当権の登記である場合において、抵当証券が発行されているときは、当該抵当証券の所持人又は裏書人を含む。）が合体後の建物について当該権利を消滅させることについて承諾したことを証する情報が提供されたとき（当該権利を目的とする第三者の権利に関する登記がある場合にあっては、当該第三者が承諾したことを証する情報が併せて提供されたときに限る。）は、法務省令で定めるところにより、当該権利が消滅した旨を登記しなければならない。

（建物の表題部の変更の登記）

第五十一条　第四十四条第一項各号（第二号及び第六号を除く。）に掲げる登記事項について変更があったときは、表題部所有者又は所有権の登記名義人（共用部分である旨の登記又は団地共用部分である旨の登記がある建物の場合にあっては、所有者）は、当該変更があった日から一月以内に、当該登記事項に関する変更の登記を申請しなければならない。

2　前項の登記事項について変更があった後に表題部所有者又は所有権の登記名義人となった者は、その者に係る表題部所有者についての更正の登記又は所有権の登記があった日から一月以内に、当該登記事項に関する変更の登記を申請しなければならない。

3　第一項の登記事項について変更があった後に共用部分である旨の登記又は団地共用部分である旨の登記があったときは、所有者（前二項の規定により登記を申請しなければならない者を除く。）は、共用部分である旨の登記又は団地共用部分である旨の登記がされた日から一月以内に、当該登記事項に関する変更の登記を申請しなければならない。

4　共用部分である旨の登記又は団地共用部分である旨の登記がある建物について、第一項の登記事項について変更があった後に所有権を取得した者（前項の規定により登記を申請しなければならない者を除く。）は、その所有権の取得の日から一月以内に、当該登記事項に関する変更の登記を申請しなければならない。

5　建物が区分建物である場合において、第四十四条第一項第一号（区分建物である建物に係るものに限る。）又は第七号から第九号までに掲げる登記事項（同号に掲げる登記事項にあっては、法務省令で定めるものに限る。次項及び第五十三条第二項において同じ。）に関する変更の登記は、当該登記に係る区分建物と同じ一棟の建物に属する他の区分建物についてされた変更の登記としての効力を有する。

6　前項の場合において、同項に規定する登記事項に関する変更の登記がされたときは、登記官は、職権で、当該一棟の建物に属する他の区分建物について、当該登記事項に関する変更の登記をしなければならない。

（区分建物となったことによる建物の表題部の変更の登記）

第五十二条　表題登記がある建物（区分建物を除く。）に接続して区分建物が新築されて一棟の建物となったことにより当該表題登記がある建物が区分建物になった場合における当該表題登記がある建物についての表題部の変更の登記の申請は、当該新築に係る区分建物についての表題登記の申請と併せてしなければならない。

2　前項の場合において、当該表題登記がある建物の表題部所有者又は所有権の登記名義人は、当該新築に係る区分建物の所有者に代わって、当該新築に係る区分建物についての表題登記を申請することができる。

3　いずれも表題登記がある二以上の建物（区分建物を除く。）が増築その他の工事により相互に接続して区分建物になった場合における当該表題登記がある二以上の建物についての表題部の変更の登記の申請は、一括してしなければならない。

4　前項の場合において、当該表題登記がある二以上の建物のうち、表題登記がある一の建物の表題部所有者又は所有権の登記名義人は、表題登記がある他の建物の表題部所有者若しくは所有権の登記名義人又はこれらの者の相続人その他の一般承継人に代わって、当該表題登記がある他の建物について表題部の変更の登記を申請することができる。

（建物の表題部の更正の登記）

第五十三条　第二十七条第一号、第二号若しくは第四号（同号にあっては、法務省令で定めるものに限る。）又は第四十四条第一項各号（第二号及び第六号を除く。）に掲げる登記事項に関する更正の登記は、表題部所有者又は所有権の登記名義人（共用部分である旨の登記又は団地共用部分である旨の登記がある建物の場合にあっては、所有者）以外の者は、申請することができない。

2　第五十一条第五項及び第六項の規定は、建物が区分建物である場合における同条第五項に規定する登記事項に関する表題部の更正の登記について準用する。

（建物の分割、区分又は合併の登記）

第五十四条　次に掲げる登記は、表題部所有者又は所有権の登記名義人以外の者は、申請することができない。

一　建物の分割の登記（表題登記がある建物の附属建物を当該表題登記がある建物の登記

記録から分割して登記記録上別の一個の建物とする登記をいう。以下同じ。）
二　建物の区分の登記（表題登記がある建物又は附属建物の部分であって区分建物に該当するものを登記記録上区分建物とする登記をいう。以下同じ。）
三　建物の合併の登記（表題登記がある建物を登記記録上他の表題登記がある建物の附属建物とする登記又は表題登記がある区分建物を登記記録上これと接続する他の区分建物である表題登記がある建物若しくは附属建物に合併して一個の建物とする登記をいう。以下同じ。）

2　共用部分である旨の登記又は団地共用部分である旨の登記がある建物についての建物の分割の登記又は建物の区分の登記は、所有者以外の者は、申請することができない。

3　第四十条の規定は、所有権等の登記以外の権利に関する登記がある建物についての建物の分割の登記又は建物の区分の登記をするときについて準用する。

（特定登記）

第五十五条　登記官は、敷地権付き区分建物（区分建物に関する敷地権の登記がある建物をいう。第七十三条第一項及び第三項、第七十四条第二項並びに第七十六条第一項において同じ。）のうち特定登記（所有権等の登記以外の権利に関する登記であって、第七十三条第一項の規定により敷地権についてされた登記としての効力を有するものをいう。以下この条において同じ。）があるものについて、第四十四条第一項第九号の敷地利用権が区分所有者の有する専有部分と分離して処分することができるものとなったことにより敷地権の変更の登記をする場合において、当該変更の登記の申請情報と併せて特定登記に係る権利の登記名義人（当該特定登記が抵当権の登記である場合において、抵当証券が発行されているときは、当該抵当証券の所持人又は裏書人を含む。）が当該変更の登記後の当該建物又は当該敷地権の目的であった土地について当該特定登記に係る権利を消滅させることを承諾したことを証する情報が提供されたとき（当該特定登記に係る権利を目的とする第三者の権利に関する登記がある場合にあっては、当該第三者が承諾したことを証する情報が併せて提供されたときに限る。）は、法務省令で定めるところにより、当該承諾に係る建物又は土地について当該特定登記に係る権利が消滅した旨を登記しなければならない。

2　前項の規定は、特定登記がある建物について敷地権の不存在を原因とする表題部の更正の登記について準用する。この場合において、同項中「第四十四条第一項第九号の敷地利用権が区分所有者の有する専有部分と分離して処分することができるものとなったことにより敷地権の変更の登記」とあるのは「敷地権の不存在を原因とする表題部の更正の登記」と、「当該変更の登記」とあるのは「当該更正の登記」と読み替えるものとする。

3　第一項の規定は、特定登記がある建物の合体又は合併により当該建物が敷地権のない建物となる場合における合体による登記等又は建物の合併の登記について準用する。この場合において、同項中「第四十四条第一項第九号の敷地利用権が区分所有者の有する専有部分と分離して処分することができるものとなったことにより敷地権の変更の登記」とあるのは「当該建物の合体又は合併により当該建物が敷地権のない建物となる場合における合体による登記等又は建物の合併の登記」と、「当該変更の登記」とあるのは「当該合体による登記等又は当該建物の合併の登記」と読み替えるものとする。

4　第一項の規定は、特定登記がある建物の滅失の登記について準用する。この場合において、同項中「第四十四条第一項第九号の敷地利用権が区分所有者の有する専有部分と分離して処分することができるものとなったことにより敷地権の変更の登記」とあるのは「建物の滅失の登記」と、「当該変更の登記」とあるのは「当該建物の滅失の登記」と、「当該建物又は当該敷地権の目的であった土地」とあるのは「当該敷地権の目的であった土地」と、「当該承諾に係る建物又は土地」とあるのは「当該土地」と読み替えるものとする。

（建物の合併の登記の制限）

第五十六条　次に掲げる建物の合併の登記は、することができない。

一　共用部分である旨の登記又は団地共用部分である旨の登記がある建物の合併の登記

二　表題部所有者又は所有権の登記名義人が相互に異なる建物の合併の登記

三　表題部所有者又は所有権の登記名義人が相互に持分を異にする建物の合併の登記

四　所有権の登記がない建物と所有権の登記がある建物との建物の合併の登記

五　所有権等の登記以外の権利に関する登記がある建物（権利に関する登記であって、合併後の建物の登記記録に登記することができるものとして法務省令で定めるものがある建物を除く。）の建物の合併の登記

（建物の滅失の登記の申請）

第五十七条　建物が滅失したときは、表題部所有者又は所有権の登記名義人（共用部分である旨の登記又は団地共用部分である旨の登記がある建物の場合にあっては、所有者）は、その滅失の日から一月以内に、当該建物の滅失の登記を申請しなければならない。

（共用部分である旨の登記等）

第五十八条　共用部分である旨の登記又は団地共用部分である旨の登記に係る建物の表示に関する登記の登記事項は、第二十七条各号（第三号を除く。）及び第四十四条第一項各号（第六号を除く。）に掲げるもののほか、次のとおりとする。

一　共用部分である旨の登記にあっては、当該共用部分である建物が当該建物の属する一棟の建物以外の一棟の建物に属する建物の区分所有者の共用に供されるものであるときは、その旨

二　団地共用部分である旨の登記にあっては、当該団地共用部分を共用すべき者の所有する建物又は当該建物が区分建物であるときは、当該建物が属する一棟の建物

2　共用部分である旨の登記又は団地共用部分である旨の登記は、当該共用部分である旨の登記又は団地共用部分である旨の登記をする建物の表題部所有者又は所有権の登記名義人以外の者は、申請することができない。

3　共用部分である旨の登記又は団地共用部分である旨の登記は、当該共用部分又は団地共用部分である建物に所有権等の登記以外の権利に関する登記があるときは、当該権利に関する登記に係る権利の登記名義人（当該権利に関する登記が抵当権の登記である場合において、抵当証券が発行されているときは、当該抵当証券の所持人又は裏書人を含む。）の承諾があるとき（当該権利を目的とする第三者の権利に関する登記がある場合にあっては、当該第三者の承諾を得たときに限る。）でなければ、申請することができない。

4　登記官は、共用部分である旨の登記又は団地共用部分である旨の登記をするときは、職権

で、当該建物について表題部所有者の登記又は権利に関する登記を抹消しなければならない。
5　第一項各号に掲げる登記事項についての変更の登記又は更正の登記は、当該共用部分である旨の登記又は団地共用部分である旨の登記がある建物の所有者以外の者は、申請することができない。
6　共用部分である旨の登記又は団地共用部分である旨の登記がある建物について共用部分である旨又は団地共用部分である旨を定めた規約を廃止した場合には、当該建物の所有者は、当該規約の廃止の日から一月以内に、当該建物の表題登記を申請しなければならない。
7　前項の規約を廃止した後に当該建物の所有権を取得した者は、その所有権の取得の日から一月以内に、当該建物の表題登記を申請しなければならない。

第三節　権利に関する登記

第一款　通則

（権利に関する登記の登記事項）

第五十九条　権利に関する登記の登記事項は、次のとおりとする。
一　登記の目的
二　申請の受付の年月日及び受付番号
三　登記原因及びその日付
四　登記に係る権利の権利者の氏名又は名称及び住所並びに登記名義人が二人以上であるときは当該権利の登記名義人ごとの持分
五　登記の目的である権利の消滅に関する定めがあるときは、その定め
六　共有物分割禁止の定め（共有物若しくは所有権以外の財産権について民法（明治二十九年法律第八十九号）第二百五十六条第一項ただし書（同法第二百六十四条において準用する場合を含む。）の規定により分割をしない旨の契約をした場合若しくは同法第九百八条の規定により被相続人が遺言で共有物若しくは所有権以外の財産権について分割を禁止した場合における共有物若しくは所有権以外の財産権の分割を禁止する定め又は同法第九百七条第三項の規定により家庭裁判所が遺産である共有物若しくは所有権以外の財産権についてした分割を禁止する審判をいう。第六十五条において同じ。）があるときは、その定め
七　民法第四百二十三条その他の法令の規定により他人に代わって登記を申請した者（以下「代位者」という。）があるときは、当該代位者の氏名又は名称及び住所並びに代位原因
八　第二号に掲げるもののほか、権利の順位を明らかにするために必要な事項として法務省令で定めるもの

（共同申請）

第六十条　権利に関する登記の申請は、法令に別段の定めがある場合を除き、登記権利者及び登記義務者が共同してしなければならない。

（登記原因証明情報の提供）

第六十一条　権利に関する登記を申請する場合には、申請人は、法令に別段の定めがある場合を除き、その申請情報と併せて登記原因を証する情報を提供しなければならない。

（一般承継人による申請）

第六十二条　登記権利者、登記義務者又は登記名義人が権利に関する登記の申請人となることができる場合において、当該登記権利者、登記義務者又は登記名義人について相続その他の一般承継があったときは、相続人その他の一般承継人は、当該権利に関する登記を申請することができる。

（判決による登記等）

第六十三条　第六十条、第六十五条又は第八十九条第一項（同条第二項において準用する場合を含む。）の規定にかかわらず、これらの規定により申請を共同してしなければならない者の一方に登記手続をすべきことを命ずる確定判決による登記は、当該申請を共同してしなければならない者の他方が単独で申請することができる。

2　相続又は法人の合併による権利の移転の登記は、登記権利者が単独で申請することができる。

（登記名義人の氏名等の変更の登記又は更正の登記等）

第六十四条　登記名義人の氏名若しくは名称又は住所についての変更の登記又は更正の登記は、登記名義人が単独で申請することができる。

2　抵当証券が発行されている場合における債務者の氏名若しくは名称又は住所についての変更の登記又は更正の登記は、債務者が単独で申請することができる。

（共有物分割禁止の定めの登記）

第六十五条　共有物分割禁止の定めに係る権利の変更の登記の申請は、当該権利の共有者であるすべての登記名義人が共同してしなければならない。

（権利の変更の登記又は更正の登記）

第六十六条　権利の変更の登記又は更正の登記は、登記上の利害関係を有する第三者（権利の変更の登記又は更正の登記につき利害関係を有する抵当証券の所持人又は裏書人を含む。以下この条において同じ。）の承諾がある場合及び当該第三者がない場合に限り、付記登記によってすることができる。

（登記の更正）

第六十七条　登記官は、権利に関する登記に錯誤又は遺漏があることを発見したときは、遅滞なく、その旨を登記権利者及び登記義務者（登記権利者及び登記義務者がない場合にあっては、登記名義人。第三項及び第七十一条第一項において同じ。）に通知しなければならない。ただし、登記権利者、登記義務者又は登記名義人がそれぞれ二人以上あるときは、その一人に対し通知すれば足りる。

2　登記官は、前項の場合において、登記の錯誤又は遺漏が登記官の過誤によるものであるときは、遅滞なく、当該登記官を監督する法務局又は地方法務局の長の許可を得て、登記の更正をしなければならない。ただし、登記上の利害関係を有する第三者（当該登記の更正につき利害関係を有する抵当証券の所持人又は裏書人を含む。以下この項において同じ。）がある場合にあっては、当該第三者の承諾があるときに限る。

3　登記官が前項の登記の更正をしたときは、その旨を登記権利者及び登記義務者に通知しなければならない。この場合においては、第一項ただし書の規定を準用する。

4　第一項及び前項の通知は、代位者にもしなければならない。この場合においては、第一項ただし書の規定を準用する。

（登記の抹消）

第六十八条　権利に関する登記の抹消は、登記上の利害関係を有する第三者（当該登記の抹消につき利害関係を有する抵当証券の所持人又は裏書人を含む。以下この条において同じ。）がある場合には、当該第三者の承諾があるときに限り、申請することができる。

（死亡又は解散による登記の抹消）

第六十九条　権利が人の死亡又は法人の解散によって消滅する旨が登記されている場合において、当該権利がその死亡又は解散によって消滅したときは、第六十条の規定にかかわらず、登記権利者は、単独で当該権利に係る権利に関する登記の抹消を申請することができる。

（登記義務者の所在が知れない場合の登記の抹消）

第七十条　登記権利者は、登記義務者の所在が知れないため登記義務者と共同して権利に関する登記の抹消を申請することができないときは、公示催告手続ニ関スル法律（明治二十三年法律第二十九号）第七百六十五条第一項に規定する公示催告の申立てをすることができる。

2　前項の場合において、公示催告手続ニ関スル法律第七百六十九条第一項に規定する除権判決があったときは、第六十条の規定にかかわらず、当該登記権利者は、単独で前項の登記の抹消を申請することができる。

3　第一項に規定する場合において、登記権利者が先取特権、質権又は抵当権の被担保債権が消滅したことを証する情報として政令で定めるものを提供したときは、第六十条の規定にかかわらず、当該登記権利者は、単独でそれらの権利に関する登記の抹消を申請することができる。同項に規定する場合において、被担保債権の弁済期から二十年を経過し、かつ、その期間を経過した後に当該被担保債権、その利息及び債務不履行により生じた損害の全額に相当する金銭が供託されたときも、同様とする。

（職権による登記の抹消）

第七十一条　登記官は、権利に関する登記を完了した後に当該登記が第二十五条第一号から第三号まで又は第十三号に該当することを発見したときは、登記権利者及び登記義務者並びに登記上の利害関係を有する第三者に対し、一月以内の期間を定め、当該登記の抹消について異議のある者がその期間内に書面で異議を述べないときは、当該登記を抹消する旨を通知しなければならない。

2　登記官は、通知を受けるべき者の住所又は居所が知れないときは、法務省令で定めるところにより、前項の通知に代えて、通知をすべき内容を公告しなければならない。

3　登記官は、第一項の異議を述べた者がある場合において、当該異議に理由がないと認めるときは決定で当該異議を却下し、当該異議に理由があると認めるときは決定でその旨を宣言し、かつ、当該異議を述べた者に通知しなければならない。

4　登記官は、第一項の異議を述べた者がないとき、又は前項の規定により当該異議を却下したときは、職権で、第一項に規定する登記を抹消しなければならない。

（抹消された登記の回復）

第七十二条　抹消された登記（権利に関する登記に限る。）の回復は、登記上の利害関係を有する第三者（当該登記の回復につき利害関係を有する抵当証券の所持人又は裏書人を含む。以下この条において同じ。）がある場合には、当該第三者の承諾があるときに限り、申請することができる。

（敷地権付き区分建物に関する登記等）

第七十三条　敷地権付き区分建物についての所有権又は担保権（一般の先取特権、質権又は抵当権をいう。以下この条において同じ。）に係る権利に関する登記は、第四十六条の規定により敷地権である旨の登記をした土地の敷地権についてされた登記としての効力を有する。ただし、次に掲げる登記は、この限りでない。

一　敷地権付き区分建物についての所有権又は担保権に係る権利に関する登記であって、区分建物に関する敷地権の登記をする前に登記されたもの（担保権に係る権利に関する登記にあっては、当該登記の目的等（登記の目的、申請の受付の年月日及び受付番号並びに登記原因及びその日付をいう。以下この号において同じ。）が当該敷地権となった土地の権利についてされた担保権に係る権利に関する登記の目的等と同一であるものを除く。）

二　敷地権付き区分建物についての所有権に係る仮登記であって、区分建物に関する敷地権の登記をした後に登記されたものであり、かつ、その登記原因が当該建物の当該敷地権が生ずる前に生じたもの

三　敷地権付き区分建物についての質権又は抵当権に係る権利に関する登記であって、区分建物に関する敷地権の登記をした後に登記されたものであり、かつ、その登記原因が当該建物の当該敷地権が生ずる前に生じたもの

四　敷地権付き区分建物についての所有権又は質権若しくは抵当権に係る権利に関する登記であって、区分建物に関する敷地権の登記をした後に登記されたものであり、かつ、その登記原因が当該建物の当該敷地権が生じた後に生じたもの（区分所有法第二十二条第一項本文（同条第三項において準用する場合を含む。）の規定により区分所有者の有する専有部分とその専有部分に係る敷地利用権とを分離して処分することができない場合（以下この条において「分離処分禁止の場合」という。）を除く。）

2　第四十六条の規定により敷地権である旨の登記をした土地には、敷地権の移転の登記又は敷地権を目的とする担保権に係る権利に関する登記をすることができない。ただし、当該土地が敷地権の目的となった後にその登記原因が生じたもの（分離処分禁止の場合を除く。）又は敷地権についての仮登記若しくは質権若しくは抵当権に係る権利に関する登記であって当該土地が敷地権の目的となる前にその登記原因が生じたものは、この限りでない。

3　敷地権付き区分建物には、当該建物のみの所有権の移転を登記原因とする所有権の登記又は当該建物のみを目的とする担保権に係る権利に関する登記をすることができない。ただし、当該建物の敷地権が生じた後にその登記原因が生じたもの（分離処分禁止の場合を除く。）又は当該建物のみの所有権についての仮登記若しくは当該建物のみを目的とする質権若しくは抵当権に係る権利に関する登記であって当該建物の敷地権が生ずる前にその登記原因が生じたものは、この限りでない。

第二款　所有権に関する登記

（所有権の保存の登記）

第七十四条　所有権の保存の登記は、次に掲げる者以外の者は、申請することができない。

一　表題部所有者又はその相続人その他の一般承継人
二　所有権を有することが確定判決によって確認された者
三　収用（土地収用法（昭和二十六年法律第二百十九号）その他の法律の規定による収用をいう。第百十八条第一項及び第三項から第五項までにおいて同じ。）によって所有権を取得した者

2　区分建物にあっては、表題部所有者から所有権を取得した者も、前項の登記を申請することができる。この場合において、当該建物が敷地権付き区分建物であるときは、当該敷地権の登記名義人の承諾を得なければならない。

（表題登記がない不動産についてする所有権の保存の登記）

第七十五条　登記官は、前条第一項第二号又は第三号に掲げる者の申請に基づいて表題登記がない不動産について所有権の保存の登記をするときは、当該不動産に関する不動産の表示のうち法務省令で定めるものを登記しなければならない。

（所有権の保存の登記の登記事項等）

第七十六条　所有権の保存の登記においては、第五十九条第三号の規定にかかわらず、登記原因及びその日付を登記することを要しない。ただし、敷地権付き区分建物について第七十四条第二項の規定により所有権の保存の登記をする場合は、この限りでない。

2　登記官は、所有権の登記がない不動産について嘱託により所有権の処分の制限の登記をするときは、職権で、所有権の保存の登記をしなければならない。

3　前条の規定は、表題登記がない不動産について嘱託により所有権の処分の制限の登記をする場合について準用する。

（所有権の登記の抹消）

第七十七条　所有権の登記の抹消は、所有権の移転の登記がない場合に限り、所有権の登記名義人が単独で申請することができる。

第三款　用益権に関する登記

（地上権の登記の登記事項）

第七十八条　地上権の登記の登記事項は、第五十九条各号に掲げるもののほか、次のとおりとする。

一　地上権設定の目的
二　地代又はその支払時期の定めがあるときは、その定め
三　存続期間又は借地借家法（平成三年法律第九十号）第二十二条前段の定めがあるときは、その定め
四　地上権設定の目的が借地借家法第二十四条第一項に規定する建物の所有であるときは、その旨
五　民法第二百六十九条ノ二第一項前段に規定する地上権の設定にあっては、その目的である地下又は空間の上下の範囲及び同項後段の定めがあるときはその定め

（永小作権の登記の登記事項）

第七十九条　永小作権の登記の登記事項は、第五十九条各号に掲げるもののほか、次のとおりとする。

一　小作料
二　存続期間又は小作料の支払時期の定めがあるときは、その定め
三　民法第二百七十二条ただし書の定めがあるときは、その定め
四　前二号に規定するもののほか、永小作人の権利又は義務に関する定めがあるときは、その定め

（地役権の登記の登記事項等）

第八十条　承役地（民法第二編第六章の承役地をいう。以下この条において同じ。）についてする地役権の登記の登記事項は、第五十九条各号に掲げるもののほか、次のとおりとする。
一　要役地（民法第二編第六章の要役地をいう。以下この条において同じ。）
二　地役権設定の目的及び範囲
三　民法第二百八十一条第一項ただし書若しくは第二百八十五条第一項ただし書の別段の定め又は同法第二百八十六条の定めがあるときは、その定め

2　前項の登記においては、第五十九条第四号の規定にかかわらず、地役権者の氏名又は名称及び住所を登記することを要しない。

3　要役地に所有権の登記がないときは、承役地に地役権の設定の登記をすることができない。

4　登記官は、承役地に地役権の設定の登記をしたときは、要役地について、職権で、法務省令で定める事項を登記しなければならない。

（賃借権の登記等の登記事項）

第八十一条　賃借権の登記又は賃借物の転貸の登記の登記事項は、第五十九条各号に掲げるもののほか、次のとおりとする。
一　賃料
二　存続期間又は賃料の支払時期の定めがあるときは、その定め
三　賃借権の譲渡又は賃借物の転貸を許す旨の定めがあるときは、その定め
四　敷金があるときは、その旨
五　賃貸人が財産を処分する能力又は権限を有しない者であるときは、その旨
六　土地の賃借権設定の目的が建物の所有であるときは、その旨
七　前号に規定する場合において建物が借地借家法第二十四条第一項に規定する建物であるときは、その旨
八　借地借家法第二十二条前段、第三十八条第一項前段若しくは第三十九条第一項又は高齢者の居住の安定確保に関する法律（平成十三年法律第二十六号）第五十六条の定めがあるときは、その定め

（採石権の登記の登記事項）

第八十二条　採石権の登記の登記事項は、第五十九条各号に掲げるもののほか、次のとおりとする。
一　存続期間
二　採石権の内容又は採石料若しくはその支払時期の定めがあるときは、その定め

第四款　担保権等に関する登記

（担保権の登記の登記事項）

第八十三条　先取特権、質権若しくは転質又は抵当権の登記の登記事項は、第五十九条各号に掲げるもののほか、次のとおりとする。
一　債権額（一定の金額を目的としない債権については、その価額）
二　債務者の氏名又は名称及び住所
三　所有権以外の権利を目的とするときは、その目的となる権利
四　二以上の不動産に関する権利を目的とするときは、当該二以上の不動産及び当該権利
五　外国通貨で第一号の債権額を指定した債権を担保する質権若しくは転質又は抵当権の登記にあっては、本邦通貨で表示した担保限度額
2　登記官は、前項第四号に掲げる事項を明らかにするため、法務省令で定めるところにより、共同担保目録を作成することができる。

（債権の一部譲渡による担保権の移転の登記等の登記事項）

第八十四条　債権の一部について譲渡又は代位弁済がされた場合における先取特権、質権若しくは転質又は抵当権の移転の登記の登記事項は、第五十九条各号に掲げるもののほか、当該譲渡又は代位弁済の目的である債権の額とする。

（不動産工事の先取特権の保存の登記）

第八十五条　不動産工事の先取特権の保存の登記においては、第八十三条第一項第一号の債権額として工事費用の予算額を登記事項とする。

（建物を新築する場合の不動産工事の先取特権の保存の登記）

第八十六条　建物を新築する場合における不動産工事の先取特権の保存の登記については、当該建物の所有者となるべき者を登記義務者とみなす。この場合においては、第二十二条本文の規定は、適用しない。
2　前項の登記の登記事項は、第五十九条各号及び第八十三条第一項各号（第三号を除く。）に掲げるもののほか、次のとおりとする。
一　新築する建物並びに当該建物の種類、構造及び床面積は設計書による旨
二　登記義務者の氏名又は名称及び住所
3　前項第一号の規定は、所有権の登記がある建物の附属建物を新築する場合における不動産工事の先取特権の保存の登記について準用する。

（建物の建築が完了した場合の登記）

第八十七条　前条第一項の登記をした場合において、建物の建築が完了したときは、当該建物の所有者は、遅滞なく、所有権の保存の登記を申請しなければならない。
2　前条第三項の登記をした場合において、附属建物の建築が完了したときは、当該附属建物が属する建物の所有権の登記名義人は、遅滞なく、当該附属建物の新築による建物の表題部の変更の登記を申請しなければならない。

（抵当権の登記の登記事項）

第八十八条　抵当権（根抵当権（民法第三百九十八条ノ二第一項の抵当権をいう。以下同じ。）を除く。）の登記の登記事項は、第五十九条各号及び第八十三条第一項各号に掲げるもののほか、次のとおりとする。
一　利息に関する定めがあるときは、その定め

二　民法第三百七十四条第二項に規定する損害の賠償額の定めがあるときは、その定め
三　債権に付した条件があるときは、その条件
四　民法第三百七十条ただし書の別段の定めがあるときは、その定め
五　抵当証券発行の定めがあるときは、その定め
六　前号の定めがある場合において元本又は利息の弁済期又は支払場所の定めがあるときは、その定め

2　根抵当権の登記の登記事項は、第五十九条各号及び第八十三条第一項各号（第一号を除く。）に掲げるもののほか、次のとおりとする。
一　担保すべき債権の範囲及び極度額
二　民法第三百七十条ただし書の別段の定めがあるときは、その定め
三　担保すべき元本の確定すべき期日の定めがあるときは、その定め
四　民法第三百九十八条ノ十四第一項ただし書の定めがあるときは、その定め

（抵当権の順位の変更の登記等）

第八十九条　抵当権の順位の変更の登記の申請は、順位を変更する当該抵当権の登記名義人が共同してしなければならない。

2　前項の規定は、民法第三百九十八条ノ十四第一項ただし書の定めがある場合の当該定めの登記の申請について準用する。

（抵当権の処分の登記）

第九十条　第八十三条及び第八十八条の規定は、民法第三百七十五条第一項の規定により抵当権を他の債権のための担保とし、又は抵当権を譲渡し、若しくは放棄する場合の登記について準用する。

（共同抵当の代位の登記）

第九十一条　民法第三百九十三条の規定による代位の登記の登記事項は、第五十九条各号に掲げるもののほか、先順位の抵当権者が弁済を受けた不動産に関する権利、当該不動産の代価及び当該弁済を受けた額とする。

2　第八十三条及び第八十八条の規定は、前項の登記について準用する。

（根抵当権当事者の相続に関する合意の登記の制限）

第九十二条　民法第三百九十八条ノ九第一項又は第二項の合意の登記は、当該相続による根抵当権の移転又は債務者の変更の登記をした後でなければ、することができない。

（根抵当権の元本の確定の登記）

第九十三条　民法第三百九十八条ノ十九第二項又は第三百九十八条ノ二十第一項第三号若しくは第四号の規定により根抵当権の担保すべき元本が確定した場合の登記は、第六十条の規定にかかわらず、当該根抵当権の登記名義人が単独で申請することができる。ただし、同項第三号又は第四号の規定により根抵当権の担保すべき元本が確定した場合における申請は、当該根抵当権又はこれを目的とする権利の取得の登記の申請と併せてしなければならない。

（抵当証券に関する登記）

第九十四条　登記官は、抵当証券を交付したときは、職権で、抵当証券交付の登記をしなければならない。

2　抵当証券法第一条第二項の申請があった場合において、同法第五条第二項の嘱託を受けた登記所の登記官が抵当証券を作成したときは、当該登記官は、職権で、抵当証券作成の登記をしなければならない。

3　前項の場合において、同項の申請を受けた登記所の登記官は、抵当証券を交付したときは抵当証券交付の登記を、同項の申請を却下したときは抵当証券作成の登記の抹消を同項の登記所に嘱託しなければならない。

4　第二項の規定による抵当証券作成の登記をした不動産について、前項の規定による嘱託により抵当証券交付の登記をしたときは、当該抵当証券交付の登記は、当該抵当証券作成の登記をした時にさかのぼってその効力を生ずる。

（質権の登記等の登記事項）

第九十五条　質権又は転質の登記の登記事項は、第五十九条各号及び第八十三条第一項各号に掲げるもののほか、次のとおりとする。

一　存続期間の定めがあるときは、その定め

二　利息に関する定めがあるときは、その定め

三　違約金又は賠償額の定めがあるときは、その定め

四　債権に付した条件があるときは、その条件

五　民法第三百四十六条ただし書の別段の定めがあるときは、その定め

六　民法第三百五十九条の規定によりその設定行為について別段の定め（同法第三百五十六条又は第三百五十七条に規定するものに限る。）があるときは、その定め

七　民法第三百六十一条において準用する同法第三百七十条ただし書の別段の定めがあるときは、その定め

2　第八十八条第二項及び第八十九条から第九十三条までの規定は、質権について準用する。この場合において、第九十条及び第九十一条第二項中「第八十八条」とあるのは、「第九十五条第一項又は同条第二項において準用する第八十八条第二項」と読み替えるものとする。

（買戻しの特約の登記の登記事項）

第九十六条　買戻しの特約の登記の登記事項は、第五十九条各号に掲げるもののほか、買主が支払った代金及び契約の費用並びに買戻しの期間の定めがあるときはその定めとする。

第五款　信託に関する登記

（信託の登記の登記事項）

第九十七条　信託の登記の登記事項は、第五十九条各号に掲げるもののほか、次のとおりとする。

一　委託者、受託者及び受益者の氏名又は名称及び住所

二　信託管理人（信託法（大正十一年法律第六十二号）第八条第一項に規定する信託管理人をいう。第百二条において同じ。）があるときは、その氏名又は名称及び住所

三　信託の目的

四　信託財産の管理方法

五　信託の終了の事由

六　その他の信託の条項

2　登記官は、前項各号に掲げる事項を明らかにするため、法務省令で定めるところにより、信託目録を作成することができる。

（信託の登記の申請方法）

第九十八条　信託の登記の申請は、当該信託による権利の移転又は保存若しくは設定の登記の申請と同時にしなければならない。

2　委託者から受託者に対し信託財産となるべき不動産に関する権利が処分された場合における信託の登記については、当該受託者を登記権利者とし、当該委託者を登記義務者とする。

3　信託法第十四条の規定による信託財産に属する不動産又は同法第二十七条の規定により復旧して信託財産に属する不動産に関する権利についての信託の登記は、受託者が単独で申請することができる。

（代位による信託の登記の申請）

第九十九条　受益者又は委託者は、受託者に代わって信託の登記を申請することができる。

（受託者の更迭による登記等）

第百条　受託者の任務が死亡、法人の解散、破産手続開始の決定、後見開始若しくは保佐開始の審判又は裁判所若しくは主務官庁（その権限の委任を受けた国に所属する行政庁及びその権限に属する事務を処理する都道府県の執行機関を含む。第百二条第二項において同じ。）の解任命令により終了し、新たに受託者が選任されたときは、信託財産に属する不動産についてする受託者の更迭による権利の移転の登記は、第六十条の規定にかかわらず、新たに選任された当該受託者が単独で申請することができる。

2　受託者が二人以上ある場合において、そのうち少なくとも一人の受託者の任務が前項に規定する事由により終了したときは、信託財産に属する不動産についてする当該受託者の任務の終了による権利の変更の登記は、第六十条の規定にかかわらず、他の受託者が単独で申請することができる。

（職権による信託の変更の登記）

第百一条　登記官は、信託財産に属する不動産について信託法第五十条の規定による受託者の更迭又は任務の終了により権利の移転又は変更の登記をするときは、職権で、当該信託の変更の登記をしなければならない。

（嘱託による信託の変更の登記）

第百二条　裁判所は、信託管理人を選任し、若しくは解任したとき、受託者を解任したとき、又は信託財産の管理方法を変更したときは、遅滞なく、当該信託の変更の登記を登記所に嘱託しなければならない。

2　主務官庁は、信託管理人を選任したとき、受託者を解任したとき、又は信託の条項を変更したときは、遅滞なく、当該信託の変更の登記を登記所に嘱託しなければならない。

（信託の変更の登記の申請）

第百三条　前二条に規定するもののほか、第九十七条第一項各号に掲げる登記事項について変更があったときは、受託者は、遅滞なく、当該信託の変更の登記を申請しなければならない。

（信託の登記の抹消）

第百四条　信託財産に属する不動産に関する権利が移転又は消滅により信託財産に属しない

こととなった場合における信託の登記の抹消の申請は、当該権利の移転の登記又は当該権利の登記の抹消の申請と同時にしなければならない。

2　前項の規定は、信託の終了により信託財産に属する不動産に関する権利が移転し、又は消滅した場合について準用する。

3　信託財産に属する不動産に関する権利が信託法第二十二条第一項ただし書の規定により受託者の固有財産となった場合における信託の登記の抹消の申請は、当該権利の変更の登記の申請と同時にしなければならない。

第六款　仮登記

（仮登記）

第百五条　仮登記は、次に掲げる場合にすることができる。

一　第三条各号に掲げる権利について保存等があった場合において、当該保存等に係る登記の申請をするために登記所に対し提供しなければならない情報であって、第二十五条第九号の申請情報と併せて提供しなければならないものとされているもののうち法務省令で定めるものを提供することができないとき。

二　第三条各号に掲げる権利の設定、移転、変更又は消滅に関して請求権（始期付き又は停止条件付きのものその他将来確定することが見込まれるものを含む。）を保全しようとするとき。

（仮登記に基づく本登記の順位）

第百六条　仮登記に基づいて本登記（仮登記がされた後、これと同一の不動産についてされる同一の権利についての権利に関する登記であって、当該不動産に係る登記記録に当該仮登記に基づく登記であることが記録されているものをいう。以下同じ。）をした場合は、当該本登記の順位は、当該仮登記の順位による。

（仮登記の申請方法）

第百七条　仮登記は、仮登記の登記義務者の承諾があるとき及び次条に規定する仮登記を命ずる処分があるときは、第六十条の規定にかかわらず、当該仮登記の登記権利者が単独で申請することができる。

2　仮登記の登記権利者及び登記義務者が共同して仮登記を申請する場合については、第二十二条本文の規定は、適用しない。

（仮登記を命ずる処分）

第百八条　裁判所は、仮登記の登記権利者の申立てにより、仮登記を命ずる処分をすることができる。

2　前項の申立てをするときは、仮登記の原因となる事実を疎明しなければならない。

3　第一項の申立てに係る事件は、不動産の所在地を管轄する地方裁判所の管轄に専属する。

4　第一項の申立てを却下した決定に対しては、即時抗告をすることができる。

5　非訟事件手続法（明治三十一年法律第十四号）第五条から第十四条まで、第十六条から第十八条まで、第十九条第二項及び第三項、第二十二条、第二十三条並びに第二十五条から第三十二条までの規定は、前項の即時抗告について準用する。

（仮登記に基づく本登記）

第百九条　所有権に関する仮登記に基づく本登記は、登記上の利害関係を有する第三者（本登記につき利害関係を有する抵当証券の所持人又は裏書人を含む。以下この条において同じ。）がある場合には、当該第三者の承諾があるときに限り、申請することができる。
2　登記官は、前項の規定による申請に基づいて登記をするときは、職権で、同項の第三者の権利に関する登記を抹消しなければならない。

（仮登記の抹消）

第百十条　仮登記の抹消は、第六十条の規定にかかわらず、仮登記の登記名義人が単独で申請することができる。仮登記の登記名義人の承諾がある場合における当該仮登記の登記上の利害関係人も、同様とする。

第七款　仮処分に関する登記

（仮処分の登記に後れる登記の抹消）

第百十一条　所有権について民事保全法（平成元年法律第九十一号）第五十三条第一項の規定による処分禁止の登記（同条第二項に規定する保全仮登記（以下「保全仮登記」という。）とともにしたものを除く。以下この条において同じ。）がされた後、当該処分禁止の登記に係る仮処分の債権者が当該仮処分の債務者を登記義務者とする所有権の登記（仮登記を除く。）を申請する場合においては、当該債権者は、当該処分禁止の登記に後れる登記の抹消を単独で申請することができる。
2　前項の規定は、所有権以外の権利について民事保全法第五十三条第一項の規定による処分禁止の登記がされた後、当該処分禁止の登記に係る仮処分の債権者が当該仮処分の債務者を登記義務者とする当該権利の移転又は消滅に関し登記（仮登記を除く。）を申請する場合について準用する。
3　登記官は、第一項（前項において準用する場合を含む。）の申請に基づいて当該処分禁止の登記に後れる登記を抹消するときは、職権で、当該処分禁止の登記も抹消しなければならない。

（保全仮登記に基づく本登記の順位）

第百十二条　保全仮登記に基づいて本登記をした場合は、当該本登記の順位は、当該保全仮登記の順位による。

（保全仮登記に係る仮処分の登記に後れる登記の抹消）

第百十三条　不動産の使用又は収益をする権利について保全仮登記がされた後、当該保全仮登記に係る仮処分の債権者が本登記を申請する場合においては、当該債権者は、所有権以外の不動産の使用若しくは収益をする権利又は当該権利を目的とする権利に関する登記であって当該保全仮登記とともにした処分禁止の登記に後れるものの抹消を単独で申請することができる。

（処分禁止の登記の抹消）

第百十四条　登記官は、保全仮登記に基づく本登記をするときは、職権で、当該保全仮登記とともにした処分禁止の登記を抹消しなければならない。

第八款　官庁又は公署が関与する登記等

（公売処分による登記）

第百十五条　官庁又は公署は、公売処分をした場合において、登記権利者の請求があったときは、遅滞なく、次に掲げる事項を登記所に嘱託しなければならない。
一　公売処分による権利の移転の登記
二　公売処分により消滅した権利の登記の抹消
三　滞納処分に関する差押えの登記の抹消

（官庁又は公署の嘱託による登記）

第百十六条　国又は地方公共団体が登記権利者となって権利に関する登記をするときは、官庁又は公署は、遅滞なく、登記義務者の承諾を得て、当該登記を登記所に嘱託しなければならない。

2　国又は地方公共団体が登記義務者となる権利に関する登記について登記権利者の請求があったときは、官庁又は公署は、遅滞なく、当該登記を登記所に嘱託しなければならない。

（官庁又は公署の嘱託による登記の登記識別情報）

第百十七条　登記官は、官庁又は公署が登記権利者（登記をすることによって登記名義人となる者に限る。以下この条において同じ。）のためにした登記の嘱託に基づいて登記を完了したときは、速やかに、当該登記権利者のために登記識別情報を当該官庁又は公署に通知しなければならない。

2　前項の規定により登記識別情報の通知を受けた官庁又は公署は、遅滞なく、これを同項の登記権利者に通知しなければならない。

（収用による登記）

第百十八条　不動産の収用による所有権の移転の登記は、第六十条の規定にかかわらず、起業者が単独で申請することができる。

2　国又は地方公共団体が起業者であるときは、官庁又は公署は、遅滞なく、前項の登記を登記所に嘱託しなければならない。

3　前二項の規定は、不動産に関する所有権以外の権利の収用による権利の消滅の登記について準用する。

4　土地の収用による権利の移転の登記を申請する場合には、当該収用により消滅した権利又は失効した差押え、仮差押え若しくは仮処分に関する登記を指定しなければならない。この場合において、権利の移転の登記をするときは、登記官は、職権で、当該指定に係る登記を抹消しなければならない。

5　登記官は、建物の収用による所有権の移転の登記をするときは、職権で、当該建物を目的とする所有権等の登記以外の権利に関する登記を抹消しなければならない。第三項の登記をする場合において同項の権利を目的とする権利に関する登記についても、同様とする。

6　登記官は、第一項の登記をするときは、職権で、裁決手続開始の登記を抹消しなければならない。

第五章　登記事項の証明等

（登記事項証明書の交付等）

第百十九条　何人も、登記官に対し、手数料を納付して、登記記録に記録されている事項の全部又は一部を証明した書面（以下「登記事項証明書」という。）の交付を請求することができる。

2　何人も、登記官に対し、手数料を納付して、登記記録に記録されている事項の概要を記載した書面の交付を請求することができる。

3　前二項の手数料の額は、物価の状況、登記事項証明書の交付に要する実費その他一切の事情を考慮して政令で定める。

4　第一項及び第二項の手数料の納付は、登記印紙をもってしなければならない。ただし、法務省令で定める方法で登記事項証明書の交付を請求するときは、法務省令で定めるところにより、現金をもってすることができる。

5　第一項の交付の請求は、法務省令で定める場合を除き、請求に係る不動産の所在地を管轄する登記所以外の登記所の登記官に対してもすることができる。

（地図の写しの交付等）

第百二十条　何人も、登記官に対し、手数料を納付して、地図、建物所在図又は地図に準ずる図面（以下この条において「地図等」という。）の全部又は一部の写し（地図等が電磁的記録に記録されているときは、当該記録された情報の内容を証明した書面）の交付を請求することができる。

2　何人も、登記官に対し、手数料を納付して、地図等（地図等が電磁的記録に記録されているときは、当該記録された情報の内容を法務省令で定める方法により表示したもの）の閲覧を請求することができる。

3　前条第三項及び第四項の規定は、地図等について準用する。

（登記簿の附属書類の写しの交付等）

第百二十一条　何人も、登記官に対し、手数料を納付して、登記簿の附属書類（電磁的記録を含む。以下同じ。）のうち政令で定める図面の全部又は一部の写し（これらの図面が電磁的記録に記録されているときは、当該記録された情報の内容を証明した書面）の交付を請求することができる。

2　何人も、登記官に対し、手数料を納付して、登記簿の附属書類(電磁的記録にあっては、記録された情報の内容を法務省令で定める方法により表示したもの)の閲覧を請求することができる。ただし、前項の図面以外のものについては、請求人が利害関係を有する部分に限る。

3　第百十九条第三項及び第四項の規定は、登記簿の附属書類について準用する。

（法務省令への委任）

第百二十二条　この法律に定めるもののほか、登記簿、地図、建物所在図及び地図に準ずる図面並びに登記簿の附属書類（第百二十五条及び第百二十七条において「登記簿等」という。）の公開に関し必要な事項は、法務省令で定める。

第六章　雑則

（登記識別情報の安全確保）

第百二十三条　登記官は、その取り扱う登記識別情報の漏えい、滅失又はき損の防止その他の登記識別情報の安全管理のために必要かつ適切な措置を講じなければならない。

2　登記官その他の不動産登記の事務に従事する法務局若しくは地方法務局若しくはこれらの支局又はこれらの出張所に勤務する法務事務官又はその職にあった者は、その事務に関して知り得た登記識別情報の作成又は管理に関する秘密を漏らしてはならない。

（行政手続法の適用除外）

第百二十四条　登記官の処分については、行政手続法（平成五年法律第八十八号）第二章及び第三章の規定は、適用しない。

（行政機関の保有する情報の公開に関する法律の適用除外）

第百二十五条　登記簿等については、行政機関の保有する情報の公開に関する法律（平成十一年法律第四十二号）の規定は、適用しない。

（行政手続等における情報通信の技術の利用に関する法律の適用除外）

第百二十六条　この法律又はこの法律に基づく命令の規定による手続等（行政手続等における情報通信の技術の利用に関する法律（平成十四年法律第百五十一号）第二条第十号に規定する手続等をいう。）については、同法第三条から第六条までの規定は、適用しない。

（行政機関の保有する個人情報の保護に関する法律の適用除外）

第百二十七条　登記簿等に記録されている保有個人情報（行政機関の保有する個人情報の保護に関する法律（平成十五年法律第五十八号）第二条第三項に規定する保有個人情報をいう。）については、同法第四章の規定は、適用しない。

（審査請求）

第百二十八条　登記官の処分を不当とする者は、当該登記官を監督する法務局又は地方法務局の長に審査請求をすることができる。

2　審査請求は、登記官を経由してしなければならない。

（審査請求事件の処理）

第百二十九条　登記官は、審査請求を理由があると認めるときは、相当の処分をしなければならない。

2　登記官は、審査請求を理由がないと認めるときは、その請求の日から三日以内に、意見を付して事件を前条第一項の法務局又は地方法務局の長に送付しなければならない。

3　前条第一項の法務局又は地方法務局の長は、審査請求を理由があると認めるときは、登記官に相当の処分を命じ、その旨を審査請求人のほか登記上の利害関係人に通知しなければならない。

4　前条第一項の法務局又は地方法務局の長は、前項の処分を命ずる前に登記官に仮登記を命ずることができる。

（行政不服審査法の適用除外）

第百三十条　登記官の処分に係る審査請求については、行政不服審査法（昭和三十七年法律第百六十号）第十四条、第十七条、第二十四条、第二十五条第一項ただし書、第三十四条第二項から第七項まで、第三十七条第六項、第四十条第三項から第六項まで及び第四十三条の規定は、適用しない。

第七章　罰則

（秘密を漏らした罪）

第百三十一条　第百二十三条第二項の規定に違反して登記識別情報の作成又は管理に関する秘密を漏らした者は、二年以下の懲役又は百万円以下の罰金に処する。

（虚偽の登記名義人確認情報を提供した罪）

第百三十二条　第二十三条第四項第一号（第十六条第二項において準用する場合を含む。）の規定による情報の提供をする場合において、虚偽の情報を提供した者は、二年以下の懲役又は五十万円以下の罰金に処する。

（不正に登記識別情報を取得等した罪）

第百三十三条　登記簿に不実の記録をさせることとなる登記の申請又は嘱託の用に供する目的で、登記識別情報を取得した者は、二年以下の懲役又は五十万円以下の罰金に処する。情を知って、その情報を提供した者も、同様とする。

2　不正に取得された登記識別情報を、前項の目的で保管した者も、同項と同様とする。

（検査の妨害等の罪）

第百三十四条　第二十九条第二項（第十六条第二項において準用する場合を含む。以下この条において同じ。）の規定による検査を拒み、妨げ、又は忌避した者は、三十万円以下の罰金に処する。第二十九条第二項の規定による文書若しくは電磁的記録に記録された事項を法務省令で定める方法により表示したものの提示をせず、若しくは虚偽の文書若しくは電磁的記録に記録された事項を法務省令で定める方法により表示したものを提示し、又は質問に対し陳述をせず、若しくは虚偽の陳述をした者も、同様とする。

（両罰規定）

第百三十五条　法人の代表者又は法人若しくは人の代理人、使用人その他の従業者が、その法人又は人の業務に関し、第百三十二条又は前条の違反行為をしたときは、行為者を罰するほか、その法人又は人に対しても、各本条の罰金刑を科する。

（過料）

第百三十六条　第三十六条、第三十七条第一項若しくは第二項、第四十二条、第四十七条第一項（第四十九条第二項において準用する場合を含む。）、第四十九条第一項、第三項若しくは第四項、第五十一条第一項から第四項まで、第五十七条又は第五十八条第六項若しくは第七項の規定による申請をすべき義務がある者がその申請を怠ったときは、十万円以下の過料に処する。

附　則

（施行期日）

第一条　この法律は、公布の日から起算して一年を超えない範囲内において政令で定める日から施行する。ただし、改正後の不動産登記法（以下「新法」という。）第百二十七条及び附則第四条第四項の規定は、行政機関の保有する個人情報の保護に関する法律の施行の日（平成十七年四月一日）又はこの法律の施行の日のいずれか遅い日から施行する。

（経過措置）

第二条　新法の規定（罰則を除く。）は、この附則に特別の定めがある場合を除き、この法律の施行前に生じた事項にも適用する。ただし、改正前の不動産登記法（以下「旧法」という。）の規定により生じた効力を妨げない。

2　この法律の施行前にした旧法の規定による処分、手続その他の行為は、この附則に特別の定めがある場合を除き、新法の適用については、新法の相当規定によってしたものとみなす。

第三条　新法第二条第五号及び第九号、第十二条、第五十一条第五項及び第六項（第五十三条第二項において準用する場合を含む。）並びに第百十九条の規定は、登記所ごとに電子情報処理組織（旧法第百五十一条ノ二第一項の電子情報処理組織をいう。第三項において同じ。）により取り扱う事務として法務大臣が指定した事務について、その指定の日から適用する。

2　前項の規定による指定は、告示してしなければならない。

3　前二項の規定にかかわらず、この法律の施行の際現に旧法第百五十一条ノ二第一項の指定を受けている登記所において電子情報処理組織により取り扱うべきこととされている事務については、この法律の施行の日に第一項の規定による指定を受けたものとみなす。

4　第一項の規定による指定がされるまでの間は、同項の規定による指定を受けていない事務については、旧法第十四条から第十六条ノ二まで、第二十一条第一項（登記簿の謄本又は抄本の交付及び登記簿の閲覧に係る部分に限る。）及び第三項並びに第二十四条ノ二第一項及び第三項の規定は、なおその効力を有する。

5　第一項の規定による指定がされるまでの間における前項の事務についての新法の適用については、新法本則（新法第二条第六号、第十五条及び第二十五条第二号を除く。）中「登記記録」とあるのは「登記簿」と、新法第二条第六号及び第二十五条第二号中「登記記録として」とあるのは「登記簿に」と、新法第二条第八号及び第十一号中「権利部」とあるのは「事項欄」と、新法第十五条中「登記簿及び登記記録」とあるのは「登記簿」と、第百二十二条中「、登記簿」とあるのは「、登記簿（附則第三条第四項の規定によりなおその効力を有することとされる旧法第二十四条ノ二第一項の閉鎖登記簿を含む。）」とする。

6　新法第百十九条第四項の規定は、第四項の規定によりなおその効力を有することとされる旧法第二十一条第一項（第四項の規定によりなおその効力を有することとされる旧法第二十四条ノ二第三項において準用する場合を含む。）の手数料の納付について準用する。この場合において、新法第百十九条第四項中「第一項及び第二項」とあるのは、「附則第三条第四項の規定によりなおその効力を有することとされる旧法第二十一条第一項（附則第三条第四項の規定によりなおその効力を有することとされる旧法第二十四条ノ二第三項において準用する場合を含む。）」と読み替えるものとする。

7　新法第百十九条第五項の規定は、同項の請求に係る不動産の所在地を管轄する登記所における第一項の規定による指定（第三項の規定により指定を受けたものとみなされるものを含む。）を受けていない事務については、適用しない。

第四条　前条第一項の規定による指定（同条第三項の規定により指定を受けたものとみなされるものを含む。）がされた際現に登記所に備え付けてある当該指定を受けた事務に係る閉鎖登記簿については、旧法第二十四条ノ二第三項の規定は、なおその効力を有する。

2　新法第百十九条第四項の規定は、前項の規定によりなおその効力を有することとされる旧法第二十四条ノ二第三項において準用する旧法第二十一条第一項の手数料の納付について準用する。この場合において、新法第百十九条第四項中「第一項及び第二項」とあるのは、「附則第四条第一項の規定によりなおその効力を有することとされる旧法第二十四条ノ二第三項において準用する旧法第二十一条第一項」と読み替えるものとする。

3　第一項の閉鎖登記簿（その附属書類を含む。次項において同じ。）については、行政機関の保有する情報の公開に関する法律の規定は、適用しない。

4　第一項の閉鎖登記簿に記録されている保有個人情報（行政機関の保有する個人情報の保護に関する法律第二条第三項に規定する保有個人情報をいう。）については、同法第四章の規定は、適用しない。

第五条　この法律の施行前に交付された旧法第二十一条第一項（旧法第二十四条ノ二第三項において準用する場合を含む。）に規定する登記簿の謄本又は抄本は、民法、民事執行法（昭和五十四年法律第四号）その他の法令の適用については、これを登記事項証明書とみなす。附則第三条第四項の規定によりなおその効力を有することとされる旧法第二十一条第一項（附則第三条第四項の規定によりなおその効力を有することとされる旧法第二十四条ノ二第三項において準用する場合を含む。）又は前条第一項の規定によりなおその効力を有することとされる旧法第二十四条ノ二第三項の規定において準用する旧法第二十一条第一項に規定する登記簿の謄本又は抄本も、同様とする。

第六条　新法第十八条第一号の規定は、登記所ごとに同号に規定する方法による登記の申請をすることができる登記手続として法務大臣が指定した登記手続について、その指定の日から適用する。

2　前項の規定による指定は、告示してしなければならない。

3　第一項の規定による指定がされるまでの間、各登記所の登記手続についての新法の規定の適用については、次の表の上欄に掲げる新法の規定中同表の中欄に掲げる字句は、それぞれ同表の下欄に掲げる字句とする。

読み替える規定	読み替えられる字句	読み替える字句
第二十一条の見出し	登記識別情報の通知	登記済証の交付
第二十一条	登記識別情報を通知しなければ	登記済証を交付しなければ
第二十一条ただし書	登記識別情報の通知	登記済証の交付
第二十二条の見出し	登記識別情報の提供	登記済証の提出
第二十二条	登記識別情報を提供しなければ	旧法第六十条第一項若しくは第六十一条の規定により還付され、若しくは交付された登記済証（附則第八条の規定によりなお従前の例によることとされた登記の申請について旧法第六十条第一項又は第六十一条の規定により還付され、又は交付された登記済証を含む。）又は附則第六条第三項の規定により読み替えて適用される第二十一条若しくは第百十七条第二項の規定により交付された登記済証を提出しなければ
第二十二条ただし書	登記識別情報が通知されなかった	登記済証が交付されなかった
	登記識別情報を提供する	旧法第六十条第一項若しくは第六十一条の規定により還付され、若しくは交付された登記済証（附則第八条の規定によりなお従前の例によるこ

		ととされた登記の申請について旧法第六十条第一項又は第六十一条の規定により還付され、又は交付された登記済証を含む。）又は附則第六条第三項の規定により読み替えて適用される第二十一条若しくは第百十七条第二項の規定により交付された登記済証を提出する
第二十三条第一項	登記識別情報を提供する	登記済証を提出する
第百十七条の見出し	官庁又は公署の嘱託による登記の登記識別情報	官庁又は公署の嘱託による登記の登記済証
第百十七条第一項	登記識別情報	登記済証
	通知しなければ	交付しなければ
第百十七条第二項	登記識別情報の通知	登記済証の交付
	通知しなければ	交付しなければ

第七条　前条第一項の規定による指定を受けた登記手続において、同項の規定による指定がされた後、旧法第六十条第一項若しくは第六十一条の規定により還付され、若しくは交付された登記済証（次条の規定によりなお従前の例によることとされた登記の申請について旧法第六十条第一項又は第六十一条の規定により還付され、又は交付された登記済証を含む。）又は前条第三項の規定により読み替えて適用される新法第二十一条若しくは第百十七条第二項の規定により交付された登記済証を提出して登記の申請がされたときは、登記識別情報が提供されたものとみなして、新法第二十二条本文の規定を適用する。

第八条　この法律の施行前にされた登記の申請については、なお従前の例による。

第九条　不動産登記法の一部を改正する等の法律（昭和三十五年法律第十四号）附則第五条第一項に規定する土地又は建物についての表示に関する登記の申請義務については、なお従前の例による。この場合において、次の表の上欄に掲げる同項の字句は、それぞれ同表の下欄に掲げる字句に読み替えるものとする。

読み替えられる字句	読み替える字句
第一条の規定による改正後の不動産登記法第八十条第一項及び第三項	不動産登記法（平成十六年法律第百二十三号）第三十六条
第八十一条第一項及び第三項	第三十七条第一項及び第二項
第八十一条ノ八	第四十二条
第九十三条第一項及び第三項	第四十七条第一項
第九十三条ノ五第一項及び第三項	第五十一条第一項（共用部分である旨の登記又は団地共用部分である旨の登記がある建物に係る部分を除く。）及び第二項
第九十三条ノ十一	第五十七条

第十条　担保物権及び民事執行制度の改善のための民法等の一部を改正する法律（平成十五

年法律第百三十四号）附則第七条に規定する敷金については、なお従前の例による。この場合において、同条中「第二条の規定による改正後の不動産登記法第百三十二条第一項」とあるのは、「不動産登記法（平成十六年法律第百二十三号）第八十一条第四号」と読み替えるものとする。

第十一条　行政事件訴訟法の一部を改正する法律（平成十六年法律第八十四号）の施行の日がこの法律の施行の日後となる場合には、行政事件訴訟法の一部を改正する法律の施行の日の前日までの間における新法第百三十条の規定の適用については、同条中「第七項まで」とあるのは、「第六項まで」とする。

（罰則に関する経過措置）

第十二条　この法律の施行前にした行為に対する罰則の適用については、なお従前の例による。

2　新法第五十一条第一項及び第四項並びに第五十八条第六項及び第七項の規定は、この法律の施行前に共用部分である旨又は団地共用部分である旨の登記がある建物についてこれらの規定に規定する登記を申請すべき事由が生じている場合についても、適用する。この場合において、これらの規定に規定する期間（新法第五十一条第四項又は第五十八条第七項に規定する期間にあっては、この法律の施行の日以後に所有権を取得した場合を除く。）については、この法律の施行の日から起算する。

（法務省令への委任）

第十三条　この附則に定めるもののほか、この法律による不動産登記法の改正に伴う登記の手続に関し必要な経過措置は、法務省令で定める。

❺　衆議院附帯決議

政府は、本法の施行に当たり、次の事項について特段の配慮をすべきである。

一　本法については、オンライン申請手続が導入されることに鑑み、国民の不動産等に関する権利が一層保全されるよう適切な運用に努めること。

二　本法の施行に必要な政省令の制定及び施行に当たっては、専門資格者の団体から十分な意見聴取を行い、不動産の登記手続に関するこれまでの実務慣行を尊重し、本法の立法趣旨と適合するよう十分に配慮すること。

三　不動産取引及び代金決済については、登記手続と当事者間の代金決済が同時履行でき、関係者の電子署名・電子証明書の有効性検証が、資格者代理人において適切になされるよう、万全な基盤整備を行うこと。

四　オンライン申請に関する登記識別情報や電子署名などの情報が、個人のプライバシーに関する重要情報であることに鑑み、万全な情報管理体制を構築すること。

五　不動産の表示に関する登記申請については、利便性の向上と国民の負担軽減のため、資格者代理人が適切かつ効率的に活動できるよう、十分に配慮すること。

六　電子化による登記情報と地図情報の効果的な連携を実施するため、登記所備付地図等の一層の整備促進を図るとともに、十分な人的物的整備に努めること。

七　登記の真実性を確保するため、資格者代理人が作成した場合の登記原因証明情報には、その者の電子署名を付するなど、資格者代理人の権限と責任が明確化され、その専門的知見が充分活用されるよう検討すること。

八　不動産に関する国民の権利を保全し、取引の安全と円滑に資するという不動産登記制度の目的に照らし、本法の施行の状況について不断に検討を加え、改善の必要があるときは、速やかに所要の措置を講ずること。

❻　参議院附帯決議

政府は、本法の施行に当たり、次の事項について特段の配慮をすべきである。

1　本法におけるオンライン申請手続の導入に当たっては、広く国民各層に周知徹底を図り、国民の不動産等に関する権利が一層保全されるよう適切な運用に努めるとともに、登記識別情報や電子署名などの情報が、個人の権利及びプライバシーにかかわる重要情報であることに鑑み、万全な情報管理体制を構築すること。

2　本法の施行に必要な政省令の制定に当たっては、専門資格者の団体から十分な意見聴取を行い、その専門的知見を十分活用し、本法の立法趣旨と適合するよう配慮すること。

3　オンライン申請においては、登記手続と当事者間の代金決済が同時履行できるよう、登記代理権不消滅の規定の実効性を確保し、関係者の電子署名・電子証明書の有効性検証の権限を資格者代理人に認める等、万全な基盤整備に努めること。

4　登記手続の適正かつ円滑な実施に資するため、オンライン申請においても、無資格者が業として行う登記申請行為を調査するための適切な措置を講ずること。

5　新たに導入される本人確認に関する登記官の調査権限の運用については、不動産取引及び登記手続等に支障を来たさないよう、十分に配慮すること。

6　公示制度の信頼性を確保し、不動産取引の安全を図るため、登記原因証明情報の内容を長期保存することができるよう適切な措置を検討すること。

7　登記所備付地図の一層の整備促進を図り、そのための十分な人的物的整備に努めるとともに、それを利用する者にとってより利便性の高いものとするため、専門資格者の団体から十分な意見聴取を行い、そのあり方について検討すること。

8　表示に関する登記申請における添付書面及び事実関係を疎明する書面等の取扱いについては、登記官による審査の迅速性を確保し、国民の負担を軽減するため、資格者代理人の制度の活用を図ること。

9　不動産取引及び登記実務等の重要性にかんがみ、本法の施行の状況、今後の技術進捗等について常に注視するとともに、改善の必要性が生じたときは、速やかに所要の措置を講ずること。

❼ 不動産登記法の施行に伴う関係法律の整備等に関する法律

（平成16年６月18日公布　法律第124号）

本法律は、不動産登記法の施行に伴い、公示催告手続ニ関スル法律ほか１２８の関係法律の規定の整備等をするとともに、所要の経過措置を定めようとするものです。

どのように整備がされたかというと、改正不動産登記法は今までの「ブック庁」が原則であるのを「オンライン指定庁」を原則としましたので、今まで関係法律で「登記簿の謄本」とされていたのを「登記事項証明書」と変えたり、「記載」を「記録」と変えたりしました。全文を掲げるには紙面の関係で難しく、また全文を掲載する必要もないと思いますので一部のみを掲載し、どのように整備法が機能するかを見てみたいと思います。

現行民法では抵当権の消滅請求に関し第３８３条第２項で「抵当不動産ニ関スル登記簿ノ謄本」を添付しなければならないと規定しております。

しかし、改正不動産登記法により「登記簿の謄本」（旧法第２１条）は「登記事項証明書」（新法第１１９条）となっておりますので、新法施行後においては本条による「登記簿の謄本」は添付できなくなってしまいますので、民法の当該部分で「登記簿の謄本」とされていたのを「登記事項証明書」と変えることとしました。

同様に不動産に関する担保権の実行には民事執行法第１８１条第３号で「担保権の登記（仮登記を除く。）のされている登記簿の謄本」を添付することとされていますが（他にもありますが、登記簿の謄本が一般的です）、整備法第６６条第３項により、同条文中「のされている登記簿の謄本」を「に関する登記事項証明書」というように改正されました。

現行関連法		新法関連法
登記簿の謄本	→	登記事項証明書

さて、そうなると改正不動産登記法でも「ブック庁」が経過的に存在するのでその場合の「登記簿の謄本」はどうなるかという点ですが、この部分はブック庁ではコンピュータ処理していませんので、逆に登記事項証明書を登記簿の謄本としなければならないわけです。（改正不動産登記法附則第３条第４項、５項）

新不動産登記法		ブック庁
登記事項証明書	→	登記簿の謄本

そして、その中間である、コンピュータ化しているがオンライン指定庁ではない「未指定

庁」についてはどのようになるかというと、新法と同様ということになります。

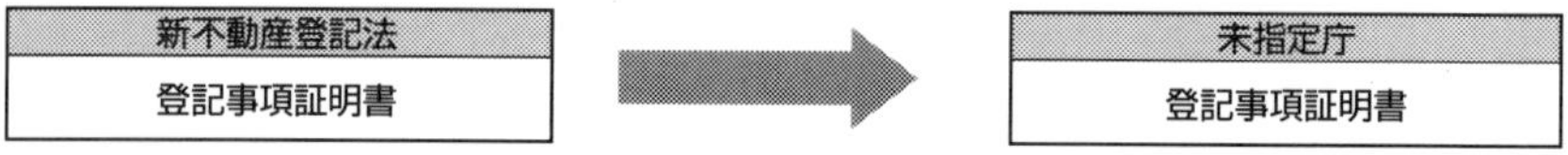

そうなると、残る問題はブック庁において「登記簿の謄本」とされているものが新法で「登記事項証明書」を添付しなければならないとされている規定と逆に抵触してしまいますので、それを戻してあげなくてはならないわけです。その規定が改正不動産登記法附則第５条です。

更に、今までに発行された「登記簿の謄本」を新法施行後に添付しようとした場合はどうなるかというと、改正不動産登記法附則第５条により、法律の施行前に交付された登記簿の謄本は登記事項証明書とみなすことで整合性をはかりました。

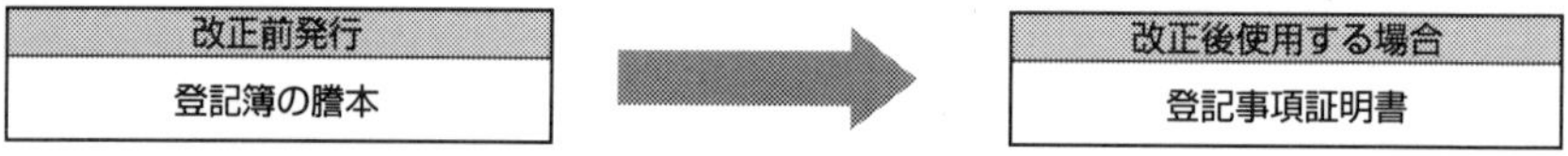

上記のように不動産登記法の施行に伴う関係法律の整備等に関する法律と不動産登記法附則の規定により、「登記簿の謄本」が「登記事項証明書」として取り扱われ、関係法律が整合性を保つことになります。

一つの言葉を変えるだけでも関係法律との整合性を持たせるためにいろいろな方策を採らなくてはならないことを考えると法律の改正とは大変な作業であることが分かります。

❽　不動産登記法の施行に伴う関係法律の整備等に関する法律（抄）

（民法の一部改正）

第二条　民法（明治二十九年法律第八十九号）の一部を次のように改正する。

第三百八十三条第二号中「登記簿ノ謄本」を「登記事項証明書」に改める。

（民事執行法の一部改正）

第六十六条　民事執行法（昭和五十四年法律第四号）の一部を次のように改正する。

第四十八条第二項中「登記簿の謄本」を「登記事項証明書」に改める。

第八十二条第二項中「嘱託書を交付し」を「嘱託情報を提供し」に、「提出させ」を「提供させ」に、「、嘱託書」を「、その嘱託情報」に、「提出し」を「提供し」に改め、同条第三項中「嘱託書に売却許可決定の正本を添付し」を「その嘱託情報と併せて売却許可決定があつたことを証する情報を提供し」に改める。

第百六十四条第二項中「するには」を「する場合（次項に規定する場合を除く。）においては」に改め、同条中第五項を第六項とし、第四項を第五項とし、第三項を第四項とし、第二項の次に次の一項を加える。

3　第一項の規定による嘱託をする場合において、不動産登記法（平成十六年法律第百二十三号）第十六条第二項（他の法令において準用する場合を含む。）において準用する同法第十八条の規定による嘱託をするときは、その嘱託情報と併せて転付命令若しくは譲渡命令があつたことを証する情報又は売却命令に基づく売却について執行官が作成した文書の内容を証する情報を提供しなければならない。

第百八十一条第一項第三号中「のされている登記簿の謄本」を「に関する登記事項証明書」に改める。

第百八十三条第一項第四号中「抹消されている登記簿の謄本」を「抹消に関する登記事項証明書」に改める。

❾ 不動産登記法の施行に伴う関係法律の整備等に関する法律より改正された法律一覧

不動産登記法の施行に伴う関係法律の整備等に関する法律により改正された法律一覧

一	公示催告手続ニ関スル法律（明治二十三年法律第二十九号）
二	民法（明治二十九年法律第八十九号）
三	非訟事件手続法（明治三十一年法律第十四号）
四	担保附社債信託法（明治三十八年法律第五十二号）
五	鉄道抵当法（明治三十八年法律第五十三号）
六	工場抵当法（明治三十八年法律第五十四号）
七	公証人法（明治四十一年法律第五十三号）
八	北海道国有未開地処分法（明治四十一年法律第五十七号）
九	立木に関する法律（明治四十二年法律第二十二号）
十	抵当証券法（昭和六年法律第十五号）
十一	農村負債整理組合法（昭和八年法律第二十一号）
十二	商工組合中央金庫法（昭和十一年法律第十四号）
十三	農業協同組合法（昭和二十二年法律第百三十二号）
十四	農業災害補償法（昭和二十二年法律第百八十五号）
十五	証券取引法（昭和二十三年法律第二十五号）
十六	公認会計士法（昭和二十三年法律百三号）
十七	弁護士法（昭和二十四年法律第二百五号）
十八	土地家屋調査士法（昭和二十五年法律第二百二十八号）
十九	行政書士法（昭和二十六年法律第四号）
二十	税理士法（昭和二十六年法律第二百三十七号）
二十一	割賦販売法（昭和三十六年法律第百五十九号）
二十二	社会保険労務士法（昭和四十三年法律第八十九号）
二十三	積立式宅地建物販売業法（昭和四十六年法律第百十一号）
二十四	不動産特定共同事業法（平成六年法律第七十七号）
二十五	金融業者の貸付業務のための社債の発行等に関する法律 （平成十一年法律第三十二号）
二十六	弁理士法（平成十二年法律第四十九号）
二十七	著作権等管理事業法（平成十二年法律第百三十一号）
二十八	沖縄振興特別措置法（平成十四年法律第十四号）
二十九	印紙をもつてする歳入金納付に関する法律（昭和二十三年法律第百四十二号）
三十	損害保険料率算出団体に関する法律（昭和二十三年法律第百九十三号）
三十一	消費生活協同組合法（昭和二十三年法律第二百号）
三十二	水産業協同組合法（昭和二十三年法律第二百四十二号）

三十三　中小企業等協同組合法（昭和二十四年法律第百八十一号）
三十四　土地改良法（昭和二十四年法律第百九十五号）
三十五　司法書士法（昭和二十五年法律第百九十七号）
三十六　地方税法（昭和二十五年法律第二百二十六号）
三十七　商品取引所法（昭和二十五年法律第二百三十九号）
三十八　採石法（昭和二十五年法律第二百九十一号）
三十九　農業委員会等に関する法律（昭和二十六年法律第八十八号）
四十　宗教法人法（昭和二十六年法律第百二十六号）
四十一　港湾運送事業法（昭和二十六年法律第百六十一号）
四十二　国土調査法（昭和二十六年法律第百八十号）
四十三　道路運送法（昭和二十六年法律第百八十三号）
四十四　鉄道事業法（昭和六十一年法律第九十二号）
四十五　道路運送車両法（昭和二十六年法律第百八十五号）
四十六　投資信託及び投資法人に関する法律（昭和二十六年法律第百九十八号）
四十七　土地収用法（昭和二十六年法律第二百十九号）
四十八　日本道路公団法（昭和三十一年法律第六号）
四十九　首都高速道路公団法（昭和三十四年法律第百三十三号）
五十　阪神高速道路公団法（昭和三十七年法律第四十三号）
五十一　建物の区分所有等に関する法律（昭和三十七年法律第六十九号）
五十二　地方住宅供給公社法（昭和四十年法律第百二十四号）
五十三　石油公団法（昭和四十二年法律第九十九号）
五十四　公共用飛行場周辺における航空機騒音による障害の防止等に関する法律（昭和四十二年法律第百十号）
五十五　本州四国連絡橋公団法（昭和四十五年法律第八十一号）
五十六　地方道路公社法（昭和四十五年法律第八十二号）
五十七　公有地の拡大の推進に関する法律（昭和四十七年法律第六十六号）
五十八　幹線道路の沿道の整備に関する法律（昭和五十五年法律第三十四号）
五十九　農業経営基盤強化促進法（昭和五十五年法律第六十五号）
六十　広域臨海環境整備センター法（昭和五十六年法律第七十六号）
六十一　特定農山村地域における農林業等の活性化のための基盤整備の促進に関する法律（平成五年法律第七十二号）
六十二　電気通信回線による登記情報の提供に関する法律（平成十一年法律第二百二十六号）
六十三　マンションの建替えの円滑化等に関する法律（平成十四年法律第七十八号）
六十四　日本郵政公社法（平成十四年法律第九十七号）
六十五　独立行政法人農業者年金基金法（平成十四年法律第百二十七号）
六十六　独立行政法人緑資源機構法（平成十四年法律第百三十号）
六十七　独立行政法人新エネルギー・産業技術総合開発機構法（平成十四年法律第百四十五号）

六十八　独立行政法人中小企業基盤整備機構法（平成十四年法律第百四十七号）
六十九　独立行政法人鉄道建設・運輸施設整備支援機構法（平成十四年法律第百八十号）
七十　独立行政法人水資源機構法（平成十四年法律第百八十二号）
七十一　独立行政法人医薬品医療機器総合機構法（平成十四年法律第百九十二号）
七十二　独立行政法人環境再生保全機構法（平成十五年法律第四十三号）
七十三　独立行政法人都市再生機構法（平成十五年法律第百号）
七十四　地方独立行政法人法（平成十五年法律第百十八号）
七十五　信用金庫法（昭和二十六年法律第二百三十八号）
七十六　漁船損害等補償法（昭和二十七年法律第二十八号）
七十七　宅地建物取引業法（昭和二十七年法律第百七十六号）
七十八　道路交通事業抵当法（昭和二十七年法律第二百四号）
七十九　農地法（昭和二十七年法律第二百二十九号）
八十　酒税の保全及び酒類業組合等に関する法律（昭和二十八年法律第七号）
八十一　労働金庫法（昭和二十八年法律第二百二十七号）
八十二　土地区画整理法（昭和二十九年法律第百十九号）
八十三　首都圏の近郊整備地帯及び都市開発区域の整備に関する法律（昭和三十三年法律第九十八号）
八十四　新住宅市街地開発法（昭和三十八年法律第百三十四号）
八十五　近畿圏の近郊整備区域及び都市開発区域の整備及び開発に関する法律（昭和三十九年法律第百四十五号）
八十六　流通業務市街地の整備に関する法律（昭和四十一年法律第百十号）
八十七　新都市基盤整備法（昭和四十七年法律第八十六号）
八十八　租税特別措置法（昭和三十二年法律第二十六号）
八十九　所得税法（昭和四十年法律第三十三号）
九十　内国税の適正な課税の確保を図るための国外送金等に係る調書の提出等に関する法律（平成九年法律第百十号）
九十一　中小企業団体の組織に関する法律（昭和三十二年法律第百八十五号）
九十二　国税徴収法（昭和三十四年法律第百四十七号）
九十三　商業登記法（昭和三十八年法律第百二十五号）
九十四　入会林野等に係る権利関係の近代化の助長に関する法律（昭和四十一年法律第百二十六号）
九十五　登録免許税法（昭和四十二年法律第三十五号）
九十六　住民基本台帳法（昭和四十二年法律第八十一号）
九十七　観光施設財団抵当法（昭和四十三年法律第九十一号）
九十八　都市再開発法（昭和四十四年法律第三十八号）
九十九　外国証券業者に関する法律（昭和四十六年法律第五号）
百　預金保険法（昭和四十六年法律第三十四号）
百一　民事訴訟費用等に関する法律（昭和四十六年法律第四十号）
百二　民法の一部を改正する法律（昭和四十六年法律第九十九号）

百三　仮登記担保契約に関する法律（昭和五十三年法律第七十八号）
百四　職員団体等に対する法人格の付与に関する法律（昭和五十三年法律第八十号）
百五　民事執行法（昭和五十四年法律第四号）
百六　株券等の保管及び振替に関する法律（昭和五十九年法律第三十号）
百七　有価証券に係る投資顧問業の規制等に関する法律
（昭和六十一年法律第七十四号）
百八　金融先物取引法（昭和六十三年法律第七十七号）
百九　電子情報処理組織による登記事務処理の円滑化のための措置等に関する法律（昭和六十年法律第三十三号）
百十　政党助成法（平成六年法律第五号）
百十一　登記特別会計法（昭和六十年法律第五十四号）
百十二　民事保全法（平成元年法律第九十一号）
百十三　保険業法（平成七年法律第百五号）
百十四　金融機関等の更生手続の特例等に関する法律（平成八年法律第九十五号）
百十五　密集市街地における防災街区の整備の促進に関する法律
（平成九年法律第四十九号）
百十六　特定非営利活動促進法（平成十年法律第七号）
百十七　投資事業有限責任組合契約に関する法律（平成十年法律第九十号）
百十八　債権譲渡の対抗要件に関する民法の特例等に関する法律
（平成十年法律第百四号）
百十九　資産の流動化に関する法律（平成十年法律第百五号）
百二十　金融機能の再生のための緊急措置に関する法律（平成十年法律第百三十二号）
百二十一　組織的な犯罪の処罰及び犯罪収益の規制等に関する法律
（平成十一年法律第百三十六号）
百二十二　民事再生法（平成十一年法律第二百二十五号）
百二十三　破産法（平成十六年法律第七十五号）
百二十四　中間法人法（平成十三年法律第四十九号）
百二十五　社債等の振替に関する法律（平成十三年法律第七十五号）
百二十六　会社更生法（平成十四年法律第百五十四号）
百二十七　金融機関等の組織再編成の促進に関する特別措置法
（平成十四年法律第百九十号）
百二十八　行政機関の保有する個人情報の保護に関する法律等の施行に伴う関係法律の整備等に関する法律（平成十五年法律第六十一号）
百二十九　特定目的会社による特定資産の流動化に関する法律等の一部を改正する法律（平成十二年法律第九十七号）附則第二条第一項の規定によりなおその効力を有するものとされる同法第一条の規定による改正前の特定目的会社による特定資産の流動化に関する法律

著者略歴

山田　猛司

昭和34年1月栃木県生まれ。栃木県立小山高校卒業。昭和60年に司法書士資格取得後開業。
東京司法書士会研修部理事、司法書士試験委員を経て、現在、東京公共嘱託登記司法書士協会副理事長。
東京都世田谷区で司法書士事務所を開業中。

山岡　透

昭和25年島根県生まれ。早稲田大学法学部卒業。早稲田大学法職課程講師・東京司法書士会の研修関係の役職を経て、現在、東京司法書士会理事。
東京都渋谷区で司法書士事務所を開業中。

尾原　祥之

昭和44年7月千葉県生まれ。成城大学経済学部卒業。平成4年に司法書士資格取得後、公証人役場書記等を経て開業。現在、東京司法書士会判例先例研究室次長。
東京都新宿区で司法書士事務所を開業中。

石原　久雄

昭和21年5月群馬県生まれ。中央大学法学部通信教育課程卒業。昭和53年に司法書士資格取得後開業。
東京都中央区で司法書士事務所を開業中。

不動産登記はこう変わった！　これが大改正の内容だ！

2004年7月16日　発行　　2005年5月12日　第10刷発行

著　者　山田　猛司　© Takeji Yamada
　　　　山岡　透　© Tooru Yamaoka
　　　　尾原　祥之　© Yoshiyuki Ohara
　　　　石原　久雄　© Hisao Ishihara

発行人　森　忠順

発行所　株式会社セルバ出版
〒113-0034
東京都文京区湯島1丁目12番6号 高関ビル3A
☎ 03 (5812) 1178　FAX 03 (5812) 1188

発　売　株式会社創英社/三省堂書店
〒101-0051
東京都千代田区神田神保町1丁目1番地
☎ 03 (3291) 2295　FAX 03 (3292) 7687

印刷・製本所　中和印刷株式会社

Printed in JAPAN

ISBN4-901380-27-3